개정판

현대 일본사정과 문화

現代日本事情と文化

신경호 지음

일본어뱅크

はしがき

アジア地域を始め世界各国から日本語学習のために日本に集まる留学生の数は年々増え、その日本語学習に関する熱意も次第に高まりつつあります。

さらに日本語教育を巡る環境も目まぐるしく変わって来ました。そこで今回、最近のデータに基づいて日本の伝統文化だけではなく、日本の社会、生活、または日本の姿と心、大衆文化についても学び、それに十分に応えうる高度な日本語の理解および運用能力を身につけることを目的に本書を刊行致しました。今では国内・海外においても日本事情を紹介する本は少なくありません。しかし、日本語学習者の立場に立った「現代日本事情と大衆文化」の書籍は少ないと言わざるを得ません。

本書は、日本語を勉強する方々の日本の事情と大衆文化に対する知識不足への不安を少しでも解消し、実りある授業を受ける一助になればとの願いを込めたものです。

特に、日本伝統文化を始め、現代の日本と日本人の実態、大衆文化を体系的に解説することに意を尽くしました。

本書が、日本語学習者の良いパートナーとして、日本語を理解することが出来、両国の交流に多少なりともお役に立てれば幸いです。

最後に本書を出版するに当たり、数々のご指導くださった 金光植、金永曛 両先生および、日本語の諸先生方、さらに出版の機会を与えて下さった日本語バンク社に心からお礼申し上げます。

2007年1月

著者：申景浩

目　　次　第1章　日本生活入門

目　次　第２章 現代日本社会

目次 補論

補論1 韓国の概況

補論2 中国の概況

補論3 外国人留学生が見た日本

第1章　日本生活入門

第１節　日本の祝日

① 日本の祝日

② 日本の年中行事

第1章

第1節 日本の祝日

① 日本の①祝日(しゅくじつ)

1948年、旧来(きゅうらい)の「祝日大祭日(だいさいじつ)」に代わり、「国民の祝日に関する法律(ほうりつ)」が制定(せいてい)され、②元日(1月1日)、③成人の日(1月の第2月曜日)、④春分の日(春分日)、⑤天皇誕生日(4月29日、現在は12月23日)、憲法記念日(5月3日)。こどもの日(5月5日)、⑥秋分(しゅうぶん)の日(ひ)(秋分日)。⑦文化の日(11月3日)、⑧勤労感謝の日(11月23日)の9日を祝日とした。

その後、⑨建国記念の日(2月11日)、敬老の日(9月15日)、⑩体育(たいいく)の日(10月10日、現在は10月の第2月曜日)、みどりの日(4月29日)、国民の休日(5月4日)、海の日(7月20日)が追加(ついか)され、現在は合計(ごうけい)15日となっている。しかし、日本の祝日は、特に国民を⑪挙げての行事(ぎょうじ)や祝典(しゅくてん)があるわけでもなく、ただ休日を楽しむだけのものとなっている。なお、学校や官公庁(かんこうちょう)、会社は休日(きゅうじつ)になるが、商店街(しょうてんがい)やデパートは日曜日と同じように開いている。

同僚(どうりょう)や上司(じょうし)に遠慮(えんりょ)して有給休暇(ゆうきゅうきゅうか)を消化(しょうか)できない多くの日本人にとって、祝日は、他人の目を気にせず休める数少(かずすく)ない貴重(きちょう)な日である。

また、日本人の年間労働時間は欧米(おうべい)先進国に比(くら)べると長いので、「日本人は働きすぎ」という内外(ないがい)からの指摘(してき)もある。そのため、祝日と日曜日が重(かさ)なった場合には、その翌日(よくじつ)の月曜日を⑫振替休日とするなど、祝日の数を安易(あんい)に増(ふ)やす傾向(けいこう)にある。例えば、4月下(げ)旬(じゅん)から5月上旬にかけては、「ゴールデンウィーク」と呼ばれ、祝日、土日、振替(ふりかえ)休日をうまく組み合わせれば1週間から10日ほどの連休(れんきゅう)となる。

しかし、昭和天皇が⑬崩御して、天皇誕生日が4月29日から移(うつ)ったにもかかわらず、この日を「みどりの日」として残したり、5月3日から5月5日を連休としてうまくつなげ

---

① 祝日(しゅくじつ) : (국가가 정한)축일
② 元日(がんじつ) : 새 해가 시작되는 날 (1월 1일)
③ 成人(せいじん)の日(ひ) : 성인의 날
④ 春分(しゅんぶん)の日(ひ) : 춘분의 날
⑤ 天皇誕生日(てんのうたんじょうび) : 천황 생일
⑥ 秋分(しゅうぶん)の日(ひ) : 추분의 날
⑦ 文化(ぶんか)の日(ひ) : 문화의 날
⑧ 勤労感謝(きんろうかんしゃ)の日 : 근로 감사의 날
⑨ 建国記念(けんこくきねん) : 건국기념일
⑩ 体育(たいいく)の日 : 체육의 날
⑪ 挙(あ)げ : (형태로)온. 모두. 전부「国民を挙げて」온국민이, 국민모두가
⑫ 振替休日(ふりかえきゅうじつ) : 경축일과 일요일이 겹쳤을 경우 그 다음 날을 휴일로 하는 일 대체 휴일
⑬ 崩御(ほうぎょ) : 붕어, 승하, 天皇, 황후 황태후가 세상을 떠남

るため、5月4日を国民の休日としたり、祝日としての意味の薄い祝日を増やしている。

さらに、成人の日と体育の日をそれぞれ、1月15日から1月の第2月曜日、10月10日から10月の第2月曜日とした。

これも、例えば、当初は、体育の日を、東京オリンピックの開会式の日を記念して10月10日としていたのだが、これを、連休を増やすという目的で、10月の第2月曜日とした。このように、祝日制定の①趣旨はほとんど意味を②成しておらず、日本国民は祝日に対して、「休みが増えるのはいいこと」程度の認識しか抱いていない。

以下に、主な国民の祝日の法定の趣旨を掲げる。

■ 元旦の初詣

[1月1日・元旦]

新年を祝う日。それぞれの家庭では、12月末に大そうじをしたり、おせち料理(お正月のための特別な料理)やもちなどを用意する。新年を迎えると神社やお寺に③初詣でに出かけて1年の無事を祈る。

⊙ 1月第2月曜日・成人の日

成人(満20歳)になった若者を祝い、励ます日。

⊙ 2月11日・建国記念の日

建国を記念し、国を愛する心を④養う日。

⊙ 3月21日頃・春分の日

自然を⑤たたえ、生物をいつくしむ日。

⊙ 4月29日・みどりの日

自然に親しむとともにその恩恵に感謝し、豊かな心をはぐくむ日。

⊙ 5月3日・憲法記念日

日本国憲法の施行を記念し、国の成長を願う日。

⊙ 5月4日・国民の休日

前日および翌日が祝日である日は休日となる。

---

① 趣旨 : 취지
② 成す : 이루다. 달성하다.
③ 初詣で : 절, 신사에, 새해의 첫 참배
④ 養う : 기르다. 배양하다.
⑤ 讃える : 칭송하다.

⦿ 5月5日・こどもの日

子どもの人格を重んじ、子どもの幸福をはかるために定められた日。

■ こどもの日(端午の節句)の風景

⦿ 7月20日・海の日

海の恩恵に感謝するとともに、海洋国日本の①繁栄を 願う日。

⦿ 9月15日・敬老の日

多年にわたり社会につくしてきた老人を敬愛し、長寿を祝う日。

⦿ 9月23日・秋分の日

祖先を②敬い、なくなった人々をしのぶ日。

⦿ 10月第2月曜日・体育の日

1964年の東京オリンピック大会開会の日を記念して制定された日。スポーツに親しみ、健康な心身をつちかうことを目的としている。

⦿ 11月3日・文化の日

自由と平和を愛し、文化を③振興する日。

⦿ 11月23日・勤労感謝の日

勤労を④尊び、生産を祝い、国民が互いに感謝しあう日。

⦿ 12月23日・天皇誕生日

今の天皇の誕生日

■ 吉野神宮：境内

---

① 繁栄 : 번영
② 敬う : 공경하다.
③ 振興 : 진흥
④ 尊ぶ＝とうどぶ : 존경하다. 공경하다. 존중하다.

■ 東京新宿の盆踊り

② 日本の年中行事

「年中行事」とは毎年決まった時期に行われる行事のことをいう。人々の生活は自然に大きく左右されることが多く、どの国、どの社会の年中行事も、自然と深い関係にある。

春には作物がよく実るように神様に祈り、秋には①収穫の感謝をする。

このような②宗教儀礼が年中行事の起源だと言われている。

◐ お正月

③お正月とは、本来は一年の最初の月である一月(睦月)を指していたが、現在では、新年の祝いをする期間の、三が日あるいは④松の内のことをいう。特に三が日は、企業や官公庁は休みである。ただ、近年は三が日も営業している商店が多くなっており、三が日の特殊性はやや薄れてきた。

お正月には、年の神を迎えるという意味で、家の門には門松を立て、床の間には⑤鏡餅を備え、おせち料理を作ったりした。

しかし、現在ではこのような習慣は⑥廃れつつある。ただ、デパートや会社などの玄関には、今でも大きな門松が立つ。

三が日には、神社や寺に初詣に行く。

かつての女性は着物を着て初詣に行ったも

■ お正月

百八の除夜の鐘を聞き、そのまま初詣。年末年始もお寺に行く大変良い機会です。年末に一年の反省をし、年始に一年の計を立てる。心やすらぐお寺で、家族が一同にそろい阿弥陀さまの前でこうした時間を過ごす。普段では話せないことや、お互いの思いをみんなで分かち合う、しかもできれば菩提寺にお詣りして和尚さんにご描俗し、先祖さまのお墓にお参りしましょう。墓まいりはお彼岸やお盆だけに限ることはありません。阿弥陀さまもきっと普段以上に優しく見守ってくださることでしょう。

---

① 収穫 : 수확

② 宗教 儀礼 : 종교의 례

③ お正月 : 정월 초 3일 동안

④ 松の内 : 설에 門松 (대문앞에 세우는 소나무장식)을 세워두는 동안. 설날부터 7일까지의 사이

⑤ 鏡餅 : 설에 床の間에 차려두는 둥굴납작한 大小 2개의 포갠 떡

⑥ 廃れる : 쓰이지 않게 되다. 유행하지 않게 되다.

のだが、現在では、このような①晴れ着姿の女性はかなり少なくなった。

元旦には年賀状が届く。 デジタルカメラとパソコンの普及により、きれいなカラー写真を挿入した年賀状を自宅でも作れるようになった。 年賀状は、日ごろ②疎遠になりがちな人間関係をつなぐ役割も③有している。

子供たちのお正月の伝統的な遊びとして、男の子のたこあげ、女の子の④羽根つきがあるが、現在では廃れてしまっている。 カルタ取り、すごろく、こま回しなどもよく行われる遊びであったが同様に今では行われない。

子供たちの多くは、⑤お年玉をもらう。お年玉は、神様にささげたお供えのお下がりを分けたのが始まりである。お年玉は子供たちにとってお正月の最大の楽しみとなっている。

お正月は現在でも日本で最も重要な年中行事であることに変わりはないが、近年は旅行に行ったりして、お正月を祝わないで気楽に過ごす家庭が増えてきた。 そのため、かつてのように、⑥親戚や会社の上司宅に⑦お年始回りに行くという光景も少なくなった。

■ 成人の

◐ 成人の日

かつては１月１５日であったが、現在は１月の第２月曜日である。 この日には、二十歳になった若者たちが⑧盛装をし、成人式に出席する。 女性にとっては、着物を着る数少ない機会である。

近年は、成人式での新成人の⑨暴徒化が社会問題となっている。ここ数年は毎年のように、どこかの地方自治体で逮捕者が出ている。 成人式の存在意義そのものが問われているところである。

---

① 晴れ着 : 나들이 옷. 화려한 장소에서 입는 옷
② 疎遠 : 멀어짐. 소원
③ 有する : 소유하다 가지다.
④ 羽根つき : 새 깃털이 꽂힌 제기 같은 것을 탁구채로 배드민턴 처럼 치는 놀이
⑤ お年玉 : 세배돈. 새해선물
⑥ 親戚 : 친척, 친지
⑦ お年始回り : 신년의 시작(세배하러 다님)
⑧ 盛装 : 정장, 옷을 화려하게 차려 입음 또는 그러한 차림
⑨ 暴徒 : 폭주, 난폭

◐成人の日はこんな風(時間は一例です。)

AM 6：00頃

予約の時間に美容院へ

AM 7：00頃

さぁ、着付けてもらいましょう。

AM 8：00頃

写真館で記念撮影

AM 9：30頃

いざ！成人式会場へ

AM 10：00頃

会場では友達との楽しい再開

PM11：00頃

成人式の間は静かにね

PM 2：00頃

式の後は友達同士でパーティー

PM 6：00頃

家族との写真撮影

PM7：00頃

お家にかえって家族でパーティー

PM9：00頃

ふり袖(そで)に一日のご苦労さま。

PM10：00頃

今日は一日お疲れさまでした。

◐ 新年会・忘年会

年末・年始に、会社関係や友人関係などでとり行われる飲み会やパーティーである。

この時期になると、飲み会のスケジュールでいっぱいになり、同じ日に複数の飲み会が①搗ちあうといったことも珍しくない。

■ 節分祭

◐ 節分

2月3日の立春の前夜は節分である。この日には、②「鬼は外、福は内」と③掛け声をかけて豆をまく。これには、春を迎える前に悪いものを追い払い幸運を④招くという意味がある。

現在では、お父さんが鬼の面をかぶり、子供たちが鬼に向かって豆をぶつける。

各地の神社やお寺でも豆まきが行われ、芸能人を招くところもある。

◐ バレンタインデー・ホワイトデー

2月14日はバレンタインデーといって、女性が好きな男性にチョコレートを送って、愛を告白する日である。好きな男性に送る以外にも、会社の上司などに送るいわゆる「義理チョコ」もある。

その1ヵ月後はホワイトデーといって、男性から女性にそのお返しをする。近年はこの行事も定着してきたといえよう。

◐ ひな祭り

3月3日はひな祭りで、女の子の⑤健やかな成長を願う日である。この日には、家庭では⑥雛人形が飾られる。もともとは中国から渡来したもので、古くは河で⑦禊ぎをし汚れを⑧祓い、また⑨身代わりに人形に汚れ

---

① 搗ちあう : 겹치다. 충돌하다.
② 「鬼は外、福は内」: 악귀는 밖으로 복은 안으로
③ 掛け声 : 구호를 지르다, 부르다.
④ 招く : 초대하다. 초래하다.
⑤ 健やかな : 건강함, 튼튼함, 건전함
⑥ 雛人形 : ひなまつり때 제단에 진열하는 작은 인형들 (15개 한 세트) = おひなさま, ひな
⑦ 禊ぎをする : 죄, 부정을 씻기 위해 강물로 목욕재계함
⑧ 祓う : 없애다, 불제하다.
⑨ 身代わり : 대신, 대역

■ 柳川ひな祭り(さげもんめぐり)

を移して河や海に流した。江戸時代以降は庶民にも定着し、女子の①節句とされた。

◐ 彼岸

②彼岸とは、春分の日・秋分の日を中日とする各七日間のことで、また、この時期に③営む仏事(ぶつじ)をいう。

毎年彼岸になると、先祖の④魂を迎えるために、神社仏閣や⑤霊園などに先祖の墓参りに行く人の姿を見ることができる。

◐ 花見

毎年桜の花が咲く頃になると、桜の花を見ながら⑥宴の席が設けられる。宴は会社の部課単位や友人仲間などで⑦催される。たいていは、新入社員などが先に公園に行って席を取り、後で上司が合流して、本格的な宴が始まる。

新年会・忘年会でもそうであるが、日本の会社員は勤務時間以外でも何かと会社に縛られる行事が多い。そして、これらの行事では、酒が飲めないことは付き合いが悪いということになり、マイナスの要因となる。

■ 花見

◐ ゴールデンウィーク

４月下旬から５月上旬にかけて、１０日間ほど連休が続く時期がある。この時期をゴールデンウィークという。正確には、４月２９日

---

① 節句：명절・五節句다섯 명절의 하나인데 현재는 특히 3월3일과 5월5일을 일컬음. (人日 1월 7일 / 上巳 3월3일 / 端午5월5일 / 七夕7월7일 重陽9월9일

② 彼岸：춘분이나 추분의 전후 각 3일간을 합한 7일간

③ 営む：(일)하다, 영위하다, 경영하다.「法事を営む재를 올리다.」

④ 魂：영혼, 혼

⑤ 霊園：공원묘지, 묘원(墓苑)

⑥ 宴の席：연회석「宴の席をもうける 연회석을 마련하다, 베풀다.」

⑦ 催す：개최하다, 열다.

前後の前半の連休と５月３日から５日前後の後半の連休に分かれ、その中間の５月１日前後の平日は、企業、官公庁、学校は休みではないので、１０日間連続して休みをとるものはそれほど多くない。この時期には、どこの①行楽地も家族連れでにぎわう。

■行楽地

◐ 端午の節句

５月５日は端午の節句といって、男の子の成長を祝う日であり、祝日となっている。

古くはこの日に②薬草摘みを行い、摘んだ③蓬や④菖蒲を⑤門口に飾った。菖蒲の語が⑥「尚武」に通じるとして、⑦武士の台頭に伴い庶民にも浸透し、⑧立身出世を願い⑨幟や⑩兜飾りを行うようになった。

■端午の図

◐ 母の日・父の日

母の日は母への感謝を表す日で、五月の第二日曜日である。これは、二〇世紀初めにアメリカで始まったものである。母の日になると、母に贈るカーネーションを買い求める客で、花屋は賑わう。

父の日は、父に感謝をささげる日で、六月の第三日曜日である。これは、アメリカのJ・B・ドッド夫人の⑪提唱により１９１０年に始まったものである。父への贈り物と

---

① 行楽地 : 행락지
② 薬草摘みを行う : 약초를 뜯다, 따다.
③ 蓬 : 쑥
④ 菖蒲 : 창포
⑤ 門口 : 집의 출입구, 문간
⑥ 尚武 : 武道・軍事등을 중요한 것으로 생각하는 것
⑦ 武士の台頭 : 무사의 대두(진출)
⑧ 立身出世 : 입신출세
⑨ 幟 : 깃발 ㉠のぼりばた의 준말로 장대를 끼워서 세우는 전국시대에 武家의 표시로 썼음
⑩ 兜 : 투구
⑪ 提唱 : 제창, 주장

して多いものはネクタイで、この時期になるとデパートのネクタイ売り場は混雑する。

◐ ①中元・②歳暮

中元とは、七月の初めから一五日にかけて、親や親戚、会社の上司など日ごろからお世話になっている人に贈るものである。この時期になると、デパートなどのお中元コーナーは盛況となる。だが、会社によっては、贈り物の類を禁止しているところもある。近年は、終身雇用制の③崩壊により、会社内での家族的関係も崩れてきたので、上司へのお中元は減少傾向にある。それに代わって、親との別居による核家族化の進行などから、日頃お世話になりながら疎遠になりがちな両親への感謝の意を込めたお中元が主流になりつつある。

歳暮は、歳末にその年世話になった人などに贈る贈り物であり、この時期になるとお中元と同様の光景が見られる。

◐ ボーナス

ボーナスとは、サラリーマンが主に年末あるいは夏期に、正規の給与以外に特別にもらう④賞与金のことである。この時期になると、デパートなどはボーナスを⑤当て込んだ商戦を展開する。

◐ 七夕

7月7日の⑥七夕は、中国から伝わった⑦牽牛星（けんぎゅうせい：いぬかいぼし：ひこぼし）と⑧織女星（しょくじょせい：おりひめぼし）の星祭り伝説が元となっている。日本では古来からあった「棚機つ女」の伝説との⑨類似性から七夕の日として定着した。女子が⑩裁縫や⑪手芸、書道の上達を願う行事も各地に残る。

⑫ 仙台と⑬平塚の七夕祭りは特に有名である。

⑪ 手芸：수예, 수공예
⑫ 仙台：지방이름. 仙台는 宮城県의 현청 소재지이면서도 東北地方 전체의 중심도시이며 매년 8월에 열리는 七夕祭가 유명.
⑬ 平塚：지방이름

■ 七夕祭り

① 中元：음력, 7월 15일, 백중날 백중 때의 선물
② 歳暮：한 해 동안 신세진 보답으로 선물을 보냄
③ 崩壊：붕괴
④ 賞与金：상여금, 보너스
⑤ 当て込む：기회를 잡으려고 기대하다, 겨냥하다, 벼르다.
⑥ 七夕：칠석
⑦ 牽牛星：견우성＝ひこぼし＝いぬかいぼし
⑧ 織女星：＝おりひめぼし · 직녀성
⑨ 類似性：유사성
⑩ 裁縫：재봉, 바느질

◐ お盆

８月１５日前後はお盆で、仏教行事となくなった先祖を迎えて生活の繁栄を願うという風習が重なったものである。

お盆になると、「お盆休み」を取る会社もあり、里帰りして墓参りをする人で、高速道路は①渋帯し、 鉄道は満席となる。

日本の会社員の夏休みは、お盆を中心とした１週間ほどで、１ヶ月もの長いバカンスを取る欧米先進国に比べると、かなり短い。

しかし、日本は、７月の下旬ぐらいまで梅雨で雨の日が続き、梅雨が明けるとすぐ台風のシーズンという気候的特殊性も②鑑みる必要があろう。

■ お月見

◐ ③お月見

お月見は、９月１５日ごろ行われるもので、月見④団子とその年に収穫した芋や栗を⑤供えて、満月を眺めて楽しむものである。この習慣は、⑥平安時代に中国の唐から伝わったものだといわれている。

◐ ⑦七五三

七五三は、３歳と７歳の女の子、３歳と５歳の男の子を神社につれていき、子供の幸せや健康を祈るもので、１１月１５日に行われる。 七五三は宗教に関係なく、⑧お宮参りをするのが一般的である。

① 渋帯 : 정체, 밀림
② 鑑みる: 감안해서 판단하다, 감안하다.
③ お月見 : 달맞이
④ 団子 : 경단「花より団子금강산도 식후경, 꽃보다 떡」
⑤ 供える : 신불이나 귀인에게 바치다. 사람 앞에 내놓다.

⑥ 平安時代 : 日本史의 時代区分의 하나. 平安京遷都부터政勧의 中心이·鎌倉로옮겨 올 때까지 約400年
⑦ 七五三 : 남자어린이는 三歳와 五歳, 여자어린이는 三歳와 七歳 때에 어린이의 성장을 축하하는 행사
⑧ お宮参りをする : 神社(신사)를 참배하다.

■ 日の出

◐ クリスマス

日本のクリスマスには宗教的意味はない。クリスマスになると、一部の家庭では、クリスマスツリーを飾り、ケーキを買って、家族や友人を集めてプレセントを交換するというパーティーを行う。

◐ 歳末

年末の日本の家庭は、大掃除やお正月の準備で忙しい。官公庁や多くの会社は１２月２８日が①「仕事納め」である。学校もすでに ２５日頃から休みが始まっているので、年末の大掃除はまさに一家総出で、日頃②頻繁に掃除しないようなところも隅々まで③念入りに行う。

１２月３１日は④「大晦日」である。この日は、大掃除を終えた部屋で、晩に「年越しそば」を食べる。そばは細く長いので長寿につながり、また簡単に切れることから、病気や借金と⑤縁が切れるということから、この習慣が江戸時代の中期から始まった。

---

① 仕事納め：일 년의 일을 마감하는 날. 종무식

② ひんぱん：빈번, 잦음

③ 念入り：정성들임, 공들임

④ 大晦日：섣달 그믐날

⑤ 縁が切れる：인연이 끊기다.

■ 盆踊り

この季節になると、全国的に知られる祭りから町内の夏祭りまで、お盆の行事として馴染み深いのが盆踊りですが、じつは盆踊りは仏教行事なのです。もともと室町時代の初め、お盆に帰ってきた先祖の霊を慰めるために鐘や太鼓をたたいて念仏を唱えながら踊るようになった頃から、娯楽的なものへと変わって行きましたが、起源は平安時代の中頃、浄土教を広めた空也上人が始めた踊念仏にあるとも言われています。徳島の阿波踊りや岐阜の郡上おどりなど各地からのニュ-スを聞かれる頃、実は盆踊りが、先祖から脈々と受け継がれた仏教行事であることを考えると、何か特別なものに感じられる気がしませんか？

年越しそばを食べて、ＮＨＫテレビの①「紅白歌合戦」を見終わって１２時になると、各地のお寺で②除夜の鐘が鳴り、新年を迎える。そうすると、すぐに寒い中を初詣に出かける者もいる。それから、さらに③「初日の出」を拝む者もいる。お正月の寺社では、外国人の姿も見かけることができる。

◐ 年中行事の商業化

年中行事のほとんどは、法律上の祝日ではない。しかも、だいぶ形式化してしまっている。とはいっても、伝統的な四季の行事は意外に根強く残っている。お正月、節分、彼岸、七夕などは特に人気がある。世の中が変われば年中行事の種類や内容も変わるのは当然で、昔のままではない。なかでも、特に何が変わったのかというと、商業化したという点であろう。昔は年末には家庭で④餅をついたり、「おせち」と言われるお正月料理を何日も前から準備し作っていたものである。

しかし、今ではデパートで有名な日本料理店が作る「おせち」を買って⑤間に合わせる家庭が多くなった。核家族になり、年寄りがいないから作り方を教えられる人がいないこと、洋風の食事に慣れた子供たちが「おせち」をあまり食べたがらないこと、お正月でもファミリー・レストランなどは開店していて、わざわざ食べ物をたくさん作っておく必要がないことなど、その理由はさまざまである。その他にも、働いている主婦などにとっては、時間に追われる生活の中で、⑥手間がかかる料理などゆっくり作っている余裕はないということもあるだろう。

しかし、お正月に「おせち」がまったくないというのも寂しいというわけで、できあがったものを買ってすませるのである。

商業化した行事と言えば、バレンタインデーやクリスマスなどが挙げられる。

前者はチョコレートの売り上げを増や

① 紅白歌合戦 : 홍백전 노래자랑
② 除夜の鐘 : 제야의 종
③ 初日の出を拝む : 설날의 해돋이를 두 손 모아 맞이하다.
④ 餅をつく : 떡을 치다.
⑤ 間に合わせる : 임시변통하다, 급한 대로 대용하다.
⑥ 手間がかかる : 시간, 품이 들다.

すために、デパートやチョコレート・メーカーが日本に持ち込んだと言っても①過言ではない。

バレンタインデーが近づくと、デパートやスーパーマーケットにはチョコレートの専門コーナーができ、日本女性は年齢に関係なく、チョコレートを買う。自分が好きな人にはもちろん、好きではない人にでも「義理チョコ」を贈る。男性のほうも、同じように、年齢に関係なく、チョコレートをもらえるかどうかをとても気にする。

もらったチョコレートが多ければ多いほど女の人に人気があるということらしい。小学校の子供たちまで、チョコレートを誰にあげるか、誰にもらったかで、②大騒ぎをするため、学校によってはバレンタインデーにチョコレートをもって来ることを禁止しているところもある。クリスマスについても同様のことが言える。

12月に入るやいなや、デパートではさまざまな贈り物をならべ、人々の③購買欲をあおる。

ホテルではいろいろなクリスマスディナーショーを企画して若い男女のデートスポットとして宣伝する。一流のホテルのディナーショーの場合では、1人5万円以上もするものもある。教会のミサも、デートコースに入っているように、その日だけは教会がいっぱいになる。12時のキャンドルサービスに出てクリスマスのムードを楽しむ。

日本人はずっと昔から外国の技術や物に④あこがれ、よさそうなものは積極的になんでも取り入れてきた。そして取り入れられたものは「日本化」され、日本の文化の一部になってきた。年中行事についても同じようなことが言えよう。

■ おせち料理

---

① 過言 : 과언
② 大騒ぎをする : 야단법석을 떨다.
③ 購買欲をあおる : 구매욕을 부추기다.
④ 憧れる : 동경하다, 그리워하다.

■ 日本の祭り

第1章 日本生活入門

第２節 日本の気候

① 日本の気候・

② 日本の自然災害

※季節風・・・季節によって、とくに夏と冬とで、ふく方向がかわる風のことで、日本では、夏は暖かく①湿った南よりの季節風が吹き、冬は冷たい北西の季節風が吹く。夏はむし暑く、冬はたいへん寒くなるのはこのためである。

第2節 日本の気候

① 日本の気候

日本は、国土の大半が温帯気候にふくまれ、四季がはっきりしている。また、国土が南北に長い島国で、地形も複雑なため、さまざまな気候がみられる。さらに大陸と海洋との間にふく季節風の影響が強くあらわれる。

日本は、以下のように、大きく９つの気候区に分けることができる。

気候区	特　徴
北海道	冬は非常に寒く、夏は梅雨もなく快適に過ごせる。
日本海	冬の②日照は少なく雪が降る。夏はフェーン現象（※）が見られる。
三　陸	冬は寒いが雪は少なく、比較的日照も良い。
東　海	冬は晴天が多く、それほど寒くない。
内　陸	冬は寒いが比較的日照は良い。夏は涼しい。
瀬戸内	冬はそれほど寒くなく雪は降らない。
北九州	年間を通し風が弱い。
南　海	冬は日照が少ない。夏は暑い。冬は温かく日照が良い。夏は湿度が高く蒸し暑い。
沖　縄	夏は暑いが風が強い。台風の影響を強く受ける。

① 湿る : 눅눅해지다. 습기 차다.
② 日照 : 일조, 햇볕이 내리쬠
③ 斜面 : 경사면, 사면
④ 下降 : 하강

※ フェーン現象：山を越えて吹く風（空気）は、山を越える時に水分を失って乾燥する。そして、山の反対側の③斜面を④下降するにしたがって気温が高まり、空気が圧縮されて気温が高まる。これをフェーン現象という。

〈春の気候〉

◐ 春のおとずれ

春がはじまるのは、①暦のうえでは、「立春」で、春はこの日から「立夏」の前の日までとしている。

これは、2月4日ごろから5月5日ごろまでの期間にあたる。しかし、2月4日ごろといえば、まだ寒さが厳しい。

冬の間吹き続けていた冷たい北西の季節風が弱まり、西から温帯低気圧と移動性高気圧が交互にやってくるようになると、いよいよ春がやってくる。そこで、気象のうえでは、暖かさを感じはじめる3月から4月・5月を春としている。

〈梅雨〉

‖ 梅雨入りと梅雨明け ‖

梅雨のはじまりは「梅雨入り」、おわりは「梅雨明け」という。雨のふりかたは西日本と東日本、また梅雨の前半と後半では異なる。 シトシトふるのは東日本の前半の特徴で、西日本はザーザーふり、しかも後半には③集中豪雨になることもある。

沖縄の那覇は、5月半ばに梅雨入りし、6月末は梅雨明けとなる。その他は、大体 6月半ばごろに梅雨入りして、7月半ば過ぎに梅雨が明けたあとは、晴天に恵まれるようになる。

‖ 梅雨の原因 ‖

梅雨時の日本付近の天気図の典型的な形をみると、南の太平洋高気圧と北のオホーツク高気圧の間に梅雨前線が④横たわっている。

これが長い間日本付近にとどまって、雨をふらせる。オホーツク高気圧に近い北海道ではほとんど梅雨がない。

〈夏の気候〉

夏は、暦のうえでは「立夏」(5月6日ごろ)から「立秋」(8月8日ごろ)の前の日までのことであるが、気象のうえでは6月・7月・8月をいう。日本の夏は、たいへんむし暑いのが特徴である。

---

① 暦 : 달력, 캘린더
② 霜がおりる : 서리가 내리다.
③ 集中 豪雨 : 집중호우
④ 横たわる : 가로놓이다, 가로막다.

※ 移動性高気圧・・・春や秋の天気図に多くあらわれる丸い形の高気圧で、大陸から日本へ移動してくる。天気はよくなるが、②霜がおりることもある。

※ 太平洋高気圧・・・南の太平洋上の、まわりよりも気圧の高いところ。

※ 前線・・・性質の違う空気の固まり(気団)が衝突しあうところを前線という。

暑さのピークは、暦のうえで夏が終わる立秋ごろである。それを過ぎると、徐々に気温は下がっていくが、まだまだ暑い日は続く。

この暑さを①「残暑」と呼んでいる。

‖ ②猛暑と③冷夏 ‖

南の海を覆う大きな太平洋高気圧の勢力が強すぎると猛暑となり、逆に弱いと夏になっても暑くならない冷夏となる。

〈秋の気候〉

暦のうえでの秋は、立秋(8月8日ごろ)から立冬(11月8日ごろ)の前の日までである。

しかし、立秋は8月上旬で、暑さの④さかりである。それで気象のうえでは9月・10月・11月を秋としている。

秋の天気は変わりやすいのが特徴である。

これは、春と同じく移動性高気圧と低気圧が交互におとずれるためである。

9月の中頃から10月の初めにかけては、梅雨に似た、雨が降り続ける時期があり、⑤秋雨、または「秋りん」とよんでいる。

冬のおとずれは、春とは逆に、北から南へと移っていく。札幌では10月の半ばを過ぎると、1日の平均気温が、⑥早くも10°Cを⑦きるようになる。鹿児島で10℃をきるのは12月になってからである。

‖ 紅葉 ‖

紅葉は、⑧明け方の最低気温が7℃以下になるとおこる。紅葉は寒い北から始まって、日本列島を南下していく。ただし、本州でも高い山では早く紅葉がみられる。

〈冬の気候〉

冬は暦のうえでは立冬(11月8日ごろ)から立春(2月4日ごろ)の前の日までのことである。ところが、1月から2月にかけては、一年中でもっとも寒い時期にあたる。そこで、気象のうえでは、12月・1月・2月を冬という。

冬に最もよくみられる気圧配置は⑨「西高東低型」という。西高東低とは、日本を中心

---

① 残暑 : 늦더위
② 猛暑 : 심한더위, 혹서
③ 冷夏 : 냉하. 덥지 않는 여름
④ 盛り : 한창때「食(た)べ盛(ざか)り · 한 창 먹을 때」
⑤ 秋雨 : 가을비, 추우
⑥ 早くも : 이미、벌써「早くも一年たった어느덧 일년이 지났다.」
⑦ 切る : (값이나 양의 기준을 나타내는 말과 함께) 이하가 되다.
⑧ 明け方 : 새벽녘, 동틀 녘
⑨ 西高東低型 : 日本付近의 気圧配置型의 하나. 気圧이 西쪽의 大陸方面이 높고、東쪽의 태평양 상에서 낮게 되어있는 현상. ↔ 東高西低型

として、西側の気圧が高く、東側の気圧が低いという意味である。西側にはシベリア方面の高気圧、東側にはアリューシャン方面の低気圧がある。風は気圧の高い方から低い方へ①吹き込むので、冬の間日本では強い北西の②季節風が吹く。

各地とも、気温は1月から2月にかけて最も低くなる。ただし、地域差があり、札幌では最高気温が0℃以下となるのに対して、平均値では大阪・広島・福岡・鹿児島・那覇では、最低気温も0℃以下にはならない。

雪の量が多いのは、北海道西部や北陸地方。 とくに北陸地方は、緯度のわりには、たくさんの雪が降る。北海道東部は、雪の量は少ない。

---

① 吹き込む : 불어들다. 스며들다.

② 季節風 : 계절풍

■ 伊勢湾台風の被害

② 日本の自然災害

◐ 台風

台風は、日本のはるか南の洋上でうまれる熱帯低気圧の一種である。 小さい①渦巻きが発達して大きくなり、渦巻きの中心近くの最大風速が17m/秒をこえると台風とよんでいる。 台風が多いのは7月から10月にかけてで、特に8月・9月には台風が日本に上陸しやすくなる。

台風名	上陸・最接近年月日	死者・行方不明者
室戸	1934年9月21日	3036人
枕崎	1945年9月17日	3756人
カスリーン	1947年9月15日	1930人
洞爺丸	1954年9月26日	1761人
伊勢湾	1959年9月26日	5098人
昭和57年第10号	1982年8月2日	95人
昭和58年第10号	1983年9月28日	44人
平成2年第19号	1990年9月19日	40人
平成3年第19号	1991年9月27日	62人
平成5年第13号	1993年9月 3日	48人

---

① 渦巻き : 소용돌이 또는 소용돌이치는 현상

· 室戸 : 1934年(昭和9)9月21日, 高知県室戸岬付近에 上陸한台風

· 枕崎 : 1945年(昭和20)9月17日, 枕崎付近에 上陸한 台風

· カスリーン : 1947年(昭和22)9月, 東海道근해로부터 房総半島의 南端을 스치며 지나간 台風

· 洞爺丸 : 清函連絡船의 船名。1954年(昭和29)9月、台風 一五号때문에 函館港外에서 沈没

· 伊勢湾 : 一九五九(昭和三四)年9月26日, 和歌山県 潮岬 付近에 上陸한 台風

◐ 地震

プレートテクトニクス理論①によれば、日本列島付近では、太平洋プレート、フィリピン海プレート、ユーラシアプレート及び北米プレートの４枚のプレートが①相接しており、それらの境界が日本②海溝、相模（さがみ）トラフ、南海トラフとなっている。

太平洋プレート及びフィリピン海プレートは、毎年数cmの速さで西に動き日本列島の下に潜（もぐ）りこんでいる。これによりユーラシアプレートなどの大陸プレートの端（はし）が引きずり込まれ③歪（ゆが）みのエネルギーがだんだん④蓄積されていく。この歪みが限界に達し、もとに戻ろうとすると破壊（はかい）が起こり巨大（きょだい）なエネルギーが放出（ほうしゅつ）される。これが、日本の太平洋沿岸（えんがん）で発生する巨大地震（海洋型地震）である。

また、このエネルギーは内陸部にも及び、日本の各所にある断層（だんそう）で破壊が起こりエネルギーが放出される。これが、内陸部の⑤活断層等を⑥震源として発生する⑦浅発地震である。内陸の地震（直下型地震）は、太平洋沿岸の地震と比較（ひかく）して規模は小さいが、震源が浅い場合には局地的（きょくちてき）に大被害を及（およ）ぼす可能性があることが特徴である。

■ 日本列島付近のプレート

■ 温泉地

① プレートテクトニクス[plate tectonics] 이론 각 암반의 움직임을 양적(量的)으로 취급, 地震現象으로 山脈・海溝의 成因등을 全地球的 規模로 統一的으로 理解하려고 하는 学説. 大陸移動説과 海洋底拡大説을 더욱 体系化한 理論으로, 1960年代後半부터 急速하게 発展했다. プレート(plate) 플레이트 이론

① 相接（あいせつ）する : 서로(마주)접하다.
② 海溝（かいこう） : 해구
③ 歪（ゆが）み : 일그러짐, 삐뚤어짐
④ 蓄積（ちくせき） : 축적
⑤ 活断層（かつだんそう） : 最新의 地質時代, 즉, 新生代第四紀에 変動한 적이 있으며, 将来도 活動의 可能性이 予想된 断層
⑥ 震源（しんげん） : 진원
⑦ 浅発地震（せんぱつじしん） : 진원의 깊이가 얕은 지진

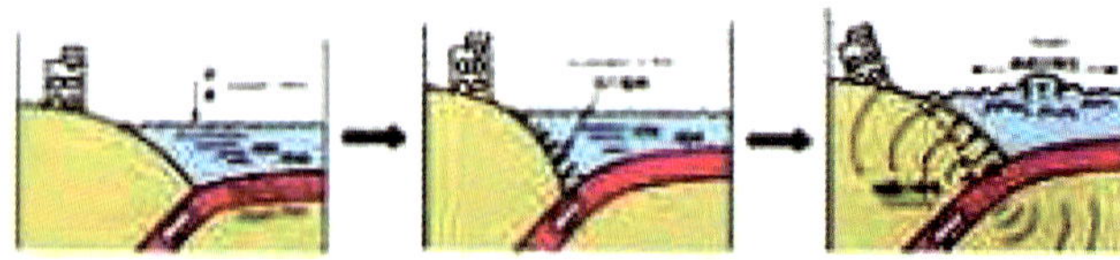

■ 海洋型地震発生のメカニズム

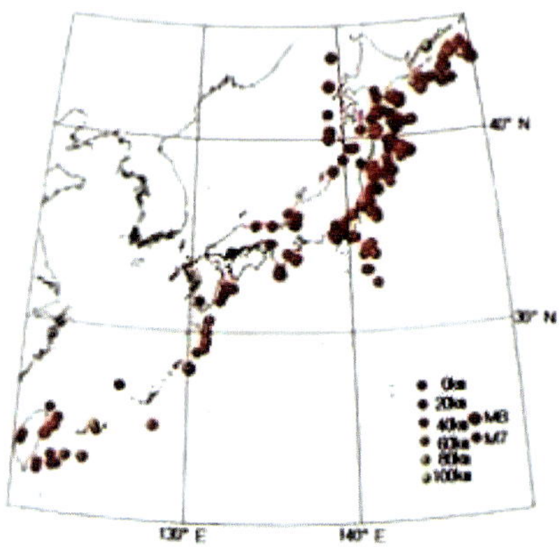

資料 : 日本の地震活動 (地震調査研究推進本部)
Source : Earthquake Activities in Japan
(Headquarters of Eathquake Research Promotion

■ 日本列島とその周辺のＭ７以上の地震
(1885年～1995年、深さ100㎞以浅)

資料 : 日本の地震活動 (地震調査研究推進本部)
Source : Earthquake Activities in Japan
(Headquarters of Eathquake Research Promotion

■ 日本の主な活断層

---

① 関東大震災 : 1923年(大正12)9月1日正午直前、関東全域과 静岡県・山梨県의 一部을 엄습한 大地震에 의한 재해
② 東南海地震 : 1944年(昭和19)12月7日, 熊野灘・遠州灘 海底에서 発発生한 地震
③ 南海道地震 : 紀伊半島의 근해로부터 四国의 근해에 걸쳐서 반복적으로 발생한 거대한 지진의 총칭
④ 福井地震 : 1948年(昭和23)6月28日, 福井平野에서 발생한 지진
⑤ 十勝沖 : 北海道東部의 근해
⑥ チリ地震 : 1960年(昭和35)5月23日, チリ沿岸部海底에 発生한 二〇世紀最大規模의 巨大地震
⑦ 新潟地震 : 1964年(昭和39)6月16日, 新潟県근해에서 발생한 지진
⑧ 伊豆半島 : 静岡県 東部´太平洋에 돌출한 반도

■ 日本の戦後の主な地震災害

名　　　称	発生年月日	マグニチュード	被害状況	
			死者・行方不明損失家屋	損失家屋
関東大地震	大正12.9.1	7.9	142,807	576,262
東南海地震	昭和19.12.7	7.9	1,251	19,367
南海道地震	昭和21.12.21	8.0	1,443	13,119
福井地震	昭和23.6.28	7.1	3,769	40,035
十勝沖地震	昭和27.3.4	8.2	33	921
チリ地震津波	昭和35.5.23	9.5	139	2,830
新潟地震	昭和39.6.16	7.5	26	2,250
十勝沖地震	昭和43.5.16	7.9	52	691
伊豆半島沖地震	昭和49.5.9	6.9	30	139
伊豆大島近海地震	昭和53.1.14	7.0	25	96
宮城県沖地震	昭和53.6.12	7.4	28	1,183
日本海中部地震	昭和58.5.26	7.7	104	987
長野県西部地震	昭和59.9.14	6.8	29	24
千葉県東方沖地震	昭和62.12.17	6.7	2	16
釧路沖地震	平成5.1.15	7.8	1	12
北海道南西沖地震	平成5.7.12	7.8	230	594
三陸はるか沖地震	平成6.12.28	7.5	3	72
兵庫県南部地震（阪神・淡路大震災）	平成7.1.17	7.2	6,436	104,900
新潟県中越地震	平成16.10.23	6.8	40	94,129

⑨ 伊豆大島（いずおおしま）：東京都 南部 伊豆諸島中最大의 島

⑩ 宮城県（みやぎけん）：東北地方 中部의 県

⑪ 釧路沖（くしろおき）：北海道 南東部 근해

⑫ 三陸沖地震（さんりくおきじしん）：1896年(明治29)6月15日と1933年(昭和8)3 月3日, 三陸근해를 震源地로해서 발생한 지진

⑬ 兵庫県南部地震（ひょうごけんなんぶじしん）：1995年(平成7)1月17日이른 아침, 淡路島（あわじしま）北東方을 震源地으로해서 일어난 大地震

⑭ 新潟県中越地震（にいがたけんちゅうえつじしん）：2004年 10月 23日 新潟県을 震源地로 해서 일어난 大地震

都市部においては、木造建築物の多い密集市街地が広い範囲で存在し、都市域が地震に見舞われると、大火災の発生のおそれのあることが、日本の地震被害の特徴の一つとなっていた。大正12年の関東大震災では、東京と横浜を焼き①つくすような大火災が発生し、地震の被害が巨大なものとなった。

今日の日本の都市は、巨大化し、情報通信網、交通網と多量の車両、ガスや電気などの②ライフラインなど都市のネットワークが複雑かつ高密に発達している。さらに石油③コンビナートなどの危険物施設や悪い地盤での住宅開発など、地震の被害を大きくする可能性を秘めているものも少なくない。

平成7年の阪神・淡路大震災は、社会経済的な諸機能が高度に集積する都市を初めて直撃した直下型地震であり、死者・行方不明者6,400余名に上る④甚大な被害をもたらした。行政機関などの⑤中枢機能が自ら被災するとともに、道路・鉄道などの交通施設やガス・水道などのライフライン施設が⑥寸断されたほか、被災者が長期にわたる避難所生活を⑦強いられることとなった。

■ 兵庫県南部地震

■ 兵庫県南部地震

① 尽くす「ます形+つくる : 다 ~하여버리다. 끝까지 ~하다.」「焼きつくす 다 태워 버리다.」

② ライフライン(lifeline) : 전기, 가스, 수도 등 생활, 생명을 유지하기 위한 네트워크시스템

③ コンビナート(kombinat) : 생산 공정이 밀접하게 관련한 근접한 공장이나 기업을 물리적으로 결합시켜, 생산의 효율화를 꾀하는 기업집단

④ 甚大 : 몹시 큼, 심대

⑤ 中枢 : 중추, 중심

⑥ 寸断 : 잘게 끊음, 촌단

⑦ 強いる : 강요하다, 강제하다.

第1章 日本生活入門

第3節 日本人の生活

① 衣

② 食

③ 住

第３節 日本人の生活

① 衣

◐ 着物

日本の伝統的衣服といえば着物である。

着物は、長方形の①布を縫って作られた直線的な衣服である。着物には、サイズをあまり気にせずに済み、②融通性があるという利点がある。したがって、年齢を経て多少体格が変わっても、長年にわたって着られる。

しかし、今日では、明治維新後の国を挙げての欧米文化の移入と、その過程で国民の間に③芽生えた欧米文化への④憧憬などから、ほとんど着物は着られなくなった。

今日の男性は、正装としてスーツにネクタイを着用し、特に事務職の男性は普段、スーツにネクタイ姿で仕事をするが、湿気の多い日本の気候を考えると、スーツにネクタイは必ずしも機能的とはいえない。それにもかかわらず、日本の男性の多くは、夏の⑤炎天下の中でも、スーツを脱がずネクタイを締め、⑥汗だくになって仕事をする。

女性にとって着物は、着るのが難しく、また着苦しく活動しにくいという欠点がある。

したがって、女性も今日では洋服で普段を過ごすようになった。女性にとって、洋服には、女性を活動的にし、女性の社会進出を促進したという点で、⑦計り知れないメリットがある。今日では、着物を着る機会といえば、成人式、結婚式、お正月、卒業式といった特別な儀式の時に限られる。女性にとっては、これらの特別な儀式に着物を着るというのは、大きな憧れであり、値段が高価にもかかわらず、大金をはたいて着物を購入することも珍しくない。なお、男性が着物を着る機会は、今日ではほとんどない。

着物で一番着る機会の多いのは、⑧浴衣である。特に、子供は夏の盆踊りの時に、浴衣を着ることが多い。また、旅館には浴衣が用意されており、旅館に着く⑨否や浴衣に着替え、リラックスするケースが多い。

---

① 布を縫う ： 옷을 바느질하다, 옷을 꿰매다.

② 融通性 ： 융통성

③ 芽生える ： 싹트다, 움트다.

④ 憧憬 ： 동경＝あこがれ

⑤ 炎天下 ： 염천하, 여름의 찌는 듯한 더운 날씨

⑥ 汗だく ： 땀투성이「汗だくになって働く 땀투성이가 되어 일하다.」

⑦ 計り知れない ： 헤아릴 수 없다. 짐작할 수 없다.

⑧ 浴衣 ： 아래위에 걸쳐서 입는 두루마기 모양의 긴 무명홑 옷 入浴後나 夏季에 입는다.

⑨ やいなや ： (連語)活用語의 終止形에 접속하여, ～하자마자, ～동시에 ＝とすぐに, ～がはやいか

◐ 草履と下駄

着物を着る時の履物は、草履か下駄である。下駄は木製のはきもので、下面に歯を①くりぬいた台に三つの穴をあけて②鼻緒をすげ、足指をかけてはく。歯は多くは二枚で、差し込む方式のものもある。

草履は鼻緒のついた③平底の履物で、④藁・⑤藺・⑥竹皮などを編んだもの、ビニール一ゴム製などのものがある。

これらも、今日ではほとんど履かれることはなくなった。特に下駄は、歩くときの音がうるさいので、下駄履きが⑦厳禁になっている場所も多くある。

今日の日本人は、靴を着用しているが、日本の気候は湿気が多いので、男性は靴を履くと足が⑧蒸れ、水虫になる場合が多々ある。女性は、高いヒールの靴を履くと、⑨外反母趾の原因ともなる。したがって、靴の着用が日本人にとって好ましいことかどうかは⑩一概には言えない。

■ 草履

◐ 現代の若者のファッション

現代の日本人は、日常はほとんど洋服を着て、靴を履いて生活している。

日本の若者は、欧米諸国の若者に比べると、一般的におしゃれである。かつては、大都市と地方の生活格差が大きく、地方出身者が東京に出てきて間もない時は、外見ですぐ判断できたが、現在では流行の情報網が地方にもよくいきわたっているので、かえって地方から出てきた若者のほうが、東京の若者

---

①くりぬく : 도려내다. 도려내어 구멍을 뚫다.
② 鼻緒をすげる : 게다 끈을 꿰어달다.
③ 平底 : 밑이 평평함
④ 藁 : (벼・보리의) 짚
⑤ 藺 : 골풀, 등심초
⑥ 竹皮 : 죽피. 죽순 껍
⑦ 厳禁 : 엄금
⑧ 蒸れる : 발에 땀이 나고 화끈거리다.
⑨ 外反拇趾 : 발 엄지가 두 번째 발가락 쪽으로 굽은 상
⑩ 一概に+「~ない 형태로」 일률적으로, 일괄적으로 ~라 할 수 없다.

よりも①あかぬけた格好をしていることも多い。

欧米諸国では、年齢を経て地位が上がるにしたがって、ブランド物を身につけていく傾向にある。しかし、日本では、一部の若者は、親がリストラや失業の恐怖に②脅えているにもかかわらず、バーゲンに走り、アルバイト代の多くをブランド品の購入に③費やしている。

特に、日本の若い男性は、欧米諸国に比べてかなりおしゃれである。日本では、男子学生もバーゲンに行く。男性向けのファッション雑誌もよく売れている。このような現象は、好意的に見れば、現在の日本が平和であることの④証左であるといえよう。

■ 日本女性の伝統的スタイル

① あかぬけ ： 세련됨
② 脅える ： 겁내다. 무서워하다. 떨다.「不安におびえる」
③ 費やす ： 쓰다, 소비하다.
④ 証左 ： 증거

■ 日本人の食事

① 食

日本人の主食は米である。第二次世界大戦前の日本人は、三食ご飯を食べていた。

例えば、当時のごく普通の日本の家庭の①献立は、朝はご飯、味噌汁、漬物、梅干、昼はご飯、②目刺しまたは煮物(ひじき、野菜など)、漬物、晩はご飯、魚、野菜の煮物、漬物といったところであった。これでも、おかずのある家庭は、まだましな方であった。

しかし、第二次世界大戦後、特に高度成長期を境に、日本人の食生活は急速に欧米化していく。北欧の食生活を理想化し、「ご飯を食べると太る」という③風評がまことしやかにささやかれた。そのため、米の消費量はどんどん減少していくこととなった。

現代の日本人は、朝は、炊くのが面倒なご飯に代わって、パン食の家庭が多くなった。

また、朝食を抜く者も数多くいる。昼は、子供たちは学校で給食を食べるわけであるが、そこではパン食が主流となっている。

サラリーマンの昼食は、社員食堂で食べたり、④仕出し弁当をとったり、コンビニエンスストアで弁当を買ったり、ファーストフードのレストランで済ませたりなど様々である。

晩は、ご飯の家庭が多いが、おかずは、肉とじゃがいもが中心の欧米諸国の食卓に比べると、かなり⑤バラエティーに富んでいる。

子供たちは一般に洋食を好み、特に人気のメニューはカレーライス、スパゲティ、ハンバーグである。一方、年寄りは魚や煮物などの和食を好む傾向にあるので、三世代同居の家庭では、夕食の献立をどちらに合わせるかで頭を悩ませるが、⑥総じて現代の日本人は⑦和洋折衷型の食生活をしているといえよう。

---

① 献立 : 메뉴, 식단
② 目刺し : 꿰어 말린 정어리
③ 風評 : 풍문, 뜬소문
④ 仕出し弁当 : 주문을 받고 만들어 배달하는 도시락
⑤ バラエティーに富む : 다양성이 있다, 변화가 풍부하다.
⑥ 総じて : 대체로, 일반적으로
⑦ 和洋 折衷 型 : 일본식과 서양식의 절충

また、現代の日本人は、外食の機会が多くなった。全国各地にはファミリーレストランがあり、休日ともなれば家族づれでにぎわっている。東京や大阪では、世界のありとあらゆる料理が食べられる。フランス料理、イタリア料理、中華料理、インド料理、韓国料理、ドイツ料理、ロシア料理、スペイン料理のレストランなど例を挙げればきりがない。

しかも、これらのレストランの①シェフは、現地人ではなく日本人の場合が多い。日本人は、料理の舌も比較的肥えているし、作る方でも②器用である。外国の料理でも、自分たちの舌に合わない食材を上手に③省き、日本人にあった料理に仕立て上げている。

一般的に、欧米人が肉類と乳製品を多く取っているのに対し、日本人は米、野菜、魚を多く④摂取している。このような日本人の食生活が⑤平均寿命を⑥押し上げているという指摘もあり、近年は、国の内外を問わず、日本の食生活が⑦見直されてきている。

とはいえ、現代の若者の食生活は確実に欧米化してきている。また、共働きなどの生活スタイルの変化もあり、主婦は半製品のおかずをスーパーで買い求めて済ますことが多くなった。さらに、インスタント食品やファーストフードの摂取量も多くなってきたことなどから、将来の日本人の平均寿命の低下を指摘する向きもある。

■ 日本の家屋

① シェフ(chef 프랑스어) : 주방장
② 器用 : 재주가 있음, 잔재주가 있음
③ 省く : 생략하다, 줄이다, 없애다.
④ 摂取 : 섭취
⑤ 平均寿命 : 평균 수명
⑥ 押し上げる : 밀어 올리다, 활성화시키다.
⑦ 見直す : 다시 보다, 보고 다시 평가하다.

■ 日本の家屋

■ 近年の洋風建築

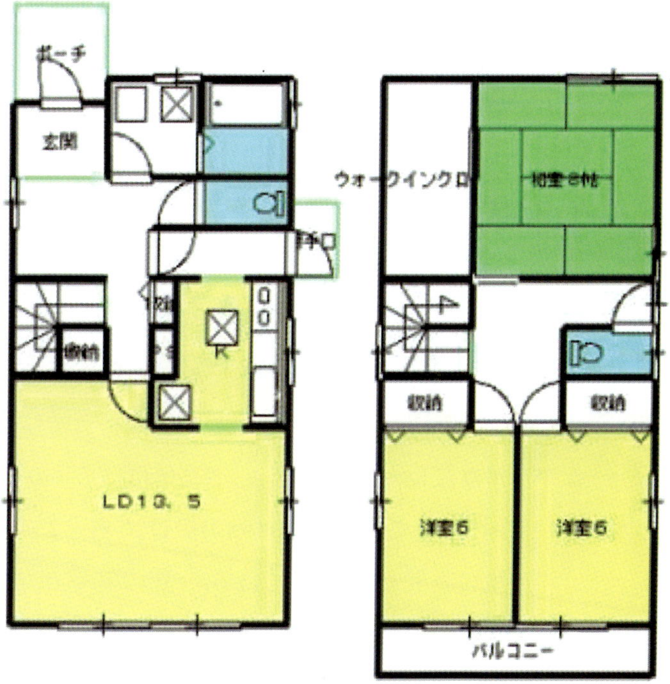

③ 住

伝統的な日本の家屋は木造である。日本は山がちで、①森林資源に恵まれているので、今でこそ需要が多くなり東南アジアからの輸入に頼っているが、かつては木材には②事欠かなかった。

屋根は③瓦である。しかし、瓦屋根は台風に強いという長所はあるが、一方で地震に弱いという欠点がある。また、日本海側の

---

①森林資源：삼림 자원
②事欠く：없어서 어려움을 느끼다. 부족하다.
③瓦：기와「瓦屋根：기와지붕」

※ ヒ-ト-アイランド現象(heat island)도시부를 중심으로 한 고온지역 현상

雪の多い地方では、雪の重みで①潰されるという危険もある。一方で、②トタン屋根の家も多く見かけるが、トタンは軽いので地震対策としては適しているが、逆に台風に弱いという欠点がある。

家屋の内部、畳の部屋がいくつかあって、風呂場、台所、庭があり、部屋の③仕切りは④襖や⑤障子であり、庭に面して縁側がある。日本は湿度が高いので、湿気を吸い取る畳は清潔である。⑥縁側では、冬の暖かい日にひなたぼっこをしたり、近所の人と一緒に腰掛けて話したりする。客室には床の間があって、そこには⑦掛け軸がかけてあったり、生けた花が飾られている。畳の和室は、食堂にもなり寝室にもなる。食事の時に⑧お膳を出して食事をし、寝るときは布団を敷いて寝る。布団は、和室には押入れが付いていて、そこから出して寝る。家族全員が１つの部屋で寝食を共にすることが可能である。

⑨縁の下が空いている日本の家屋は、蒸し暑い夏でも涼しくて快適である。ただ、日本の家屋は、通風が良く開放的なので、冬は少し寒い。段落「以上」は伝統的な家屋についてであるが。現在の家屋は縁の下の空間が少ないので、日本の蒸し暑い夏には、冷房が絶対に⑩欠かせないものとなってしまった。

そして、冷房の⑪排熱、⑫舗装道路や高層ビルからの⑬照り返しなどから※ヒートアイランド現象を起こし、大都市では夏の気温が年々上昇し、また冬も暖房器具やＯＡ機器の排熱などから気温が上昇し、年間を通して温暖化の傾向にある。

現在の日本人は、畳の部屋で正座するよりも、椅子に座った生活のほうが楽だということもあり、和室よりも洋室を好むようになっている。とはいっても、和室が一部屋もないというのも寂しいわけで、そこで畳の部屋を一部屋だけ残し、残りの部屋、特に子供部屋はフローリングという家庭が多くなっている。

学生も、畳の部屋よりもフローリングの部屋の⑭物件を好んで捜し求める傾向にある。

---

① 潰す ： 찌부러뜨리다, 부수다, 망치다.
② トタン屋根(포르투갈어:tutanaga) ： 동 · 아연 · 니켈의 지붕
③ 仕切り ： 칸막이
④ 襖 ： 맹자지
⑤ 障子 ： 미닫이
⑥ 縁側 ： 툇마루
⑦ 掛け軸 ： 두루마기 그림 ＝掛(か)け物(もの)
⑧ お膳 ： ㉠ 밥상 ㉡ 공기에 담은 밥을 세는 공기
⑨ 縁の下 ： 마루 밑
⑩ 欠かせない ： 빠뜨릴 수 없다.
⑪ 排熱 ： 여열(余熱)
⑫ 舗装 ： 포장
⑬ 照り返し ： 반사「アスファルトの照り返しがすごい」
⑭ 物件 ： 물건(아파트, 맨션 등 주택을 지칭), 물품

したがって、寝るときも、布団よりもベッドを好む家庭が多くなっている。ただ、「暑い夏は布団の方が涼しい」といって、夏は布団、冬はベッドという者もいる。

東京や大阪の住宅事情は、欧米先進国の大都市に比べると、厳しいものがある。その理由としては、高度成長期に、急激に農村から大都市へ人が押し寄せたこと、核家族化が進んだこと、マイホーム指向が強いことなどが挙げられる。そのため、東京や大阪の都心で良質な住宅を得ることが困難となり、人は郊外へとマイホームを求めていったが、住宅供給がほとんど追いつかない状態であった。そこで、郊外に安価で狭い①建売住宅が多く造られることとなった。

また、住宅がどんどん郊外に広がるにつれ、地価の上昇、通勤時間の長時間化、通勤電車の混雑という新たな問題を引き起こした。

さらに、日本の住宅の質が欧米先進国に比べて②見劣りする理由として、日本は台風や地震などの自然災害が多いので、工期をじっくりとかけてしっかりとした住宅を建てるだけの時間的余裕がなく、したがってそのような発想も生まれてこなかったことがある。

だから、日本の住宅の③耐用年数は欧米の住宅に比べて短い。

一方で、大阪や東京の鉄道会社は、自社の沿線の利用客を増加させるために、宅地開発を積極的に行った。鉄道会社は、自社の沿線イメージを高めるために、比較的良質な住宅を多く供給した。このような鉄道会社の商法は欧米諸国にも例を見ないものであり、大いに特筆されよう。

近年は、大都市圏の人口の社会増は④鈍化し、大阪圏では減少に転じている。⑤少子化により、住宅のスペースに余裕が生まれ、子供たちには個室が与えられるようになった。

バブル期の急激な地価の上昇によりマイホームに手が届きにくくなったこともあり、人々は以前ほどマイホームに⑥こだわることもなくなり、集合住宅に住むこともいとわなくなってきた。長い通勤時間を嫌って、郊外

---

① 建売 : 집 장수가 집을 지어 팖. 또는 그 집「建て売り住宅 집 장수 집」
② 見劣り : ~만 못해 보임. 빠짐. 「見劣りがする ~만 못하다.」↔ 見ばえ
③ 耐用 : (그 기계 따위가) 어느 기간동안 사용에 견딤. 내용, 수명「耐用年数が過ぎる」
④ 鈍化 : 둔화
⑤ 少子化 : 총인구에 점하는 어린이의 수가 감소하는 것(저출산)
⑥ 拘る : 구애되다.

のマイホームよりも都心のマンションを好む者も多くなり、人口の都心への回帰現象もみられるようになった。

これらのことから、東京や大阪の住宅事情は改善の方向にむかっているものといえよう。

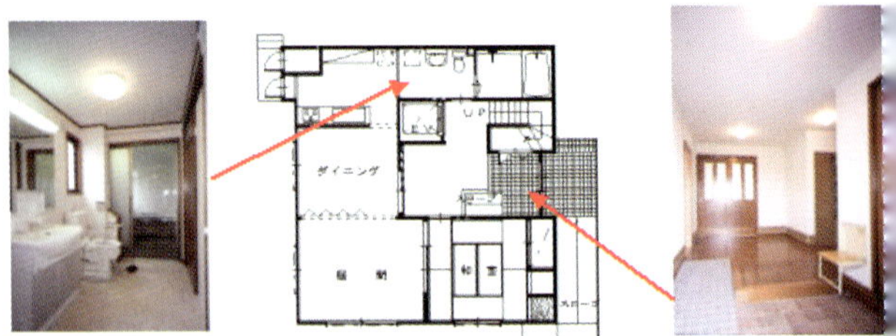

ユーティリティルーム（簡易昇降便座設置）　玄関内部（スロープ設置・玄関ベンチ設置）

◐ バリアフリー住宅

ところで、現在の日本では、高齢化社会を向かえ、特にバリアフリー住宅の建設に力を注いでいる。例えば、都市基盤整備公団では、高齢者を含めたすべての人が、安全で快適な生活を過すよう、平成８年度以降すべての新規に建設する集合住宅について、「長寿社会対応仕様」を標準としている。

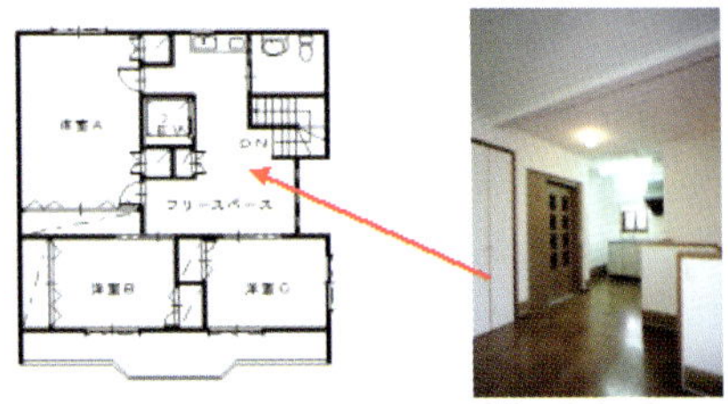

フリースペース（エレベーター設置）

● 「長寿社会対応仕様」の主なものとしては、以下のものがある。

段差の解消	住宅内部の洗面所と廊下の間や、洋室と和室の間の段差を解消。
通行幅の確保	車椅子の通行などに配慮して廊下の幅や扉の②寸法を定める。
①手すりへの対応	浴室については、あらかじめ設置。廊下壁には必要の際、手すりが設置できる様に壁の③下地を④補強。

① 手すり : 난간
② 寸法を定める : 치수를 정하다.
③ 下地 : 기초, 밑바탕
④ 補強 : 보강

◐ 日本の通勤事情

日本の会社員の通勤手段としては、地方では自家用車が一般的である。鉄道やバスを利用するのは、主に「交通弱者」といわれる高校生や高齢者などである。したがって、地方における公共交通機関の経営は苦しいものとなっている。

東京と京阪神では、道路の渋帯が激しいので、鉄道・バスなどの公共交通機関が利用されている。一般的に、東京ではＪＲ、京阪神では私鉄が好まれる傾向にあるが、①京阪神でも徐々にＪＲがシェアを伸ばしてきている。

東京圏でのラッシュ時の電車の混雑には、激しいものがある。近年は、②フレックスタイム制を導入する企業も増え、時差通勤も定着した。鉄道会社も、③複々線化や地下鉄への乗り入れなど、輸送力の増強に努めてはいるが、東京への人口の過度の集中により、利用客増に投資が追いつかないという厳しい状態が続いている。しかし、ＪＲは国鉄時代の遺産を引き断いだので、私鉄に比べれば輸送力には④若干余裕がある。

大阪圏では、１９７０年代後半以降、人口の社会増はストップし、そのため各社とも利用客は⑤横ばいか減少している。その一方で、各社とも既に輸送力の増強のため、かなり投資をしてきた。そのため、大阪圏においては、通勤ラッシュはかなり⑥緩和されている。

■ 新幹線

① 京阪神 : 地名・東京, 大阪, 神戸의 준말
② フレックスタイム(flex-time)制 : 자유근무시간제
③ 複々線 : 복복선, 이중복선
④ 若干 : 약간
⑤ 横ばい : 保合시세, 시세가 별로 변동이 없음
⑥ 緩和する : 완화하다.

『 通勤ラッシュを①退治せよ 』

‖ 世界初、自動改札機誕生 ‖

昭和４２年、大阪の②北千里駅に、一台の機械(きかい)が設置(せっち)された。自動改札機(かいさつき)。 いまや日本全国に行き渡った夢の機械の第１号機である。

③膨大な情報を④磁気で記録し、それを一瞬で読みとる。その技術は、ラッシュの混雑を劇的(げきてき)に緩和(かんわ)しただけでなく、銀行の自動支払機(じどうしはらいき)ＣＤや⑤ＡＴＭのもとになった画期的(かっきてき)なものだった。

高度経済成長下の昭和３０年代、人口集中に伴(ともな)い、鉄道の混雑が大きな社会問題になっていた。⑥ダイヤの乱れ、ホームからの転落(てんらく)事故などが多発(たはつ)。 鉄道会社は、各メーカーに自動改札機の開発を打診(だしん)した。

「不可能だ」と各社が⑦尻込みする中、手を挙げたのが立石(たていし)電機（現オムロン）だった。 社長の立石一真(67)は、 ⑧極貧の中で妻を亡くし、７人の子供を育て上げた苦労人(くろうにん)。 以来「人の役に立つ機械の開発」をモットーにしてきた立石は、採算(さいさん)度外視(どがいし)の開発を決意(けつい)。「立石電機７人の侍(さむらい)」と呼ばれた若手技術者を集め、開発に当たらせた。

人の流れを止めないためには、１分間に８０人の切符を処理(しょり)しなければならなかった。更に、大人と子供の区別、男女の区別、不正な券の発見、荷物と人との判別(はんべつ)など 、膨大(ぼうだい)な磁気(じき)処理が必要だった。若手技術者の一人、田中寿雄(27)は、⑨試作機を作っては、近所の主婦や子供たちを集め、⑩試行錯誤を重ねた。

それらの課題(かだい)を解決(かいけつ)した⑪矢先、さらなる難題(なんだい)が⑫襲いかかる。 それは、⑬濡れたり折れたりして、磁気が乱れた切符の判別だった。若手技術者たちは、一からの開発を迫られることになった。

自動改札機は新製品開発を目指した立石電気の長年の夢だった
(写真は社長立石一真)

---

① 退治(たいじ) : 퇴치
② 北千里駅(きたせんりえき) : 역 이름
③ 膨大(ぼうだい)だ : 방대하다.
④ 磁気(じき) : 자기
⑤ ATM(automated-teller machine) : 현금 자동 인출기
⑥ ダイヤの乱(みだ)れ : 열차운행표(계획)가 틀어짐. 연착되다.
⑦ 尻込(しりご)みする : 뒷걸음질 하다.
⑧ 極貧(ごくひん) : 극빈
⑨ 試作機(しさくき) : 시험 제작기
⑩ 試行錯誤(しこうさくご) : 시행착오
⑪ 矢先(やさき) : 마침 그때
⑫ 襲(おそ)いかかる : 덮쳐들다.
⑬ 濡(ぬ)れる : 젖다.

第1章　日本生活入門

第４節　日本の文化

① 伝統文化

② 現代文化

第４節 日本の文化

① 伝統文化

■ ④能楽の舞台と上演風景

日本の伝統文化の一部は、①家元制度に代表されるような②世襲制になっており、そのことが若者の伝統文化に対する関心を失わせている③一因ともなっている。そのため、日本の伝統文化の多くは、あまり大衆的な広まりを見せていないのが現状である。

しかし、一部では新境地を開こうという試みも見られる。そこで、以下の日本の伝統文化の中でも、主要なものをピックアップして、説明を加えていく。

---

① 家元(いえもと) : 종가(宗家), 본가(本家)
② 世襲制(せしゅうせい) : 세습제
③ 一因(いちいん) : 일인, 한가지 원인
④ 能楽(のうがく) : 일본의 고전연극(가면극)

◐ ①書道

書道は、中国から伝わった漢字の②お経を写すことから始まった。そして、③平安時代に漢字に④改良を加えた仮名文字が発明されると、日本独自の仮名書道が発達して、今日に至っている。 日本の小学生の多くは、学校が終わると書道教室に通う。日頃家庭で甘やかされて育っている子供たちにとり、半紙の上に筆を運ぶ瞬間は、短いながらも神経の集中を習得できる貴重な時間となっている。

また、学校では、国語の時間や冬休みの宿題として書道が取り入れられており、日本人にとって最も身近な伝統文化の一つといえよう。

■ 書道

⑤茶道

茶道は、客を招いてお茶をたてて出すもので、⑥戦国時代に⑦千利休(１５２２－１５９１)によって大成されたものである。

現在でも、多くの女性が茶道を習っている。若い女性の場合は、⑧花嫁修業の一環として習っているケースが多い。カルチャースクールなどには、茶道の講座が数多く設置されている。

なお、一般の家庭でお茶をたてる習慣は、ほとんど姿を消したといって良い。

◐ ⑨華道

華道は、⑩切花を⑪花器に飾って眺める芸術である。華道にはいくつかの流派がある。

それぞれの流派は家元制度といって、いずれも先生を頂点として弟子たちがその下にピラミッド型に連なる制度をとっている。

華道もカルチャースクールなどで多くの講座が設置されており、女性にとってはごく身近なお稽古事となっている。

---

① 書道 : 서도
② お経 : 불경
③ 平安時代 : 794~1192年 약 400년간
④ 改良 : 개량
⑤ 茶道 : 다도
⑥ 戦国時代 : 「1477~1573 応人の乱부터 織田信長가 将軍足利義昭를 쫓아서 天下統一에 착수하기까지의 時代」
⑦ 千利休 : (1522~1591) 安土桃山時代의 茶人
⑧ 花嫁 修業 : 신부수업
⑨ 華道 : 꽃꽂이
⑩ 切花 : 꽃꽂이 용으로 자른 꽃가지
⑪ 花器 : 꽃꽂이 그릇

◐ ①歌舞伎

歌舞伎には約４００年の歴史があり、明治時代には非常に人気があった。今でも、日本の伝統芸能の中では、比較的人気の高い物の一つといえるかもしれない。歌舞伎は、中国でいえば、②京劇に相当するようなものといえるかもしれない。なお、東京や大阪には、歌舞伎専門のホールがある。

歌舞伎の特徴は、演じるのがすべて男性ということである。また、女役を演じる③「女形」という④役者がいる。女役は舞台の⑤花形である。

舞台の左側では、三味線や⑥長唄による⑦伴奏音楽が演奏されている。三味線や長唄も日本の伝統的な音楽であり、教室も各地にあり、習う機会には事欠かず、我々にとってそれほど遠い存在ではない。

歌舞伎のセリフは日本人でも難解で、イヤホーンによるガイドがセリフの現代語訳などを解説してくれる。英語のガイドもある。

役者の⑧くまどりや着物、音楽を楽しむのも面白いものである。

◐ 能と狂言

能は「能楽」ともいい、約７００年の伝統がある舞台芸術の一つである。奈良時代に唐から伝わった「能楽」が、鎌倉時代に唄や⑨舞踏劇の「能」と対話劇の「⑩狂言」に分かれた。

さらに、室町時代になると、⑪観阿弥、⑫世阿弥の親子が能を芸術的境地へと高め、現在に至っている。

能は、面をつけた主役のシテ方、面をつけないワキ方、笛や⑬太鼓を演奏するおはやし方によって演じられる。舞台装置は何もない。観客は、ストーリーの流れの中で、いろいろなものを想像していく。

狂言は能と能の間に同じ舞台で演じられる喜劇である。音楽はなく、セリフと動作で笑わせる。観客が、能をまじめに緊張してみた後で、狂言をくつろいだ気持ちで見られるという演出になっている。

---

① 歌舞伎 : 일본 전통 연극
② 京劇 : 경극(중국의 고전극)
③ 女形 : 歌舞伎에서 여자 역할을 하는 남자배우
④ 役者 : 배우
⑤ 花形 : 인기 있는 존재, 스타
⑥ 長唄 : 속요
⑦ 伴奏音楽 : 반주음악
⑧ くまどり : 歌舞伎에서 배우의 얼굴 표정을 과장해서 분장할때 청색, 홍색의 선을 그림
⑨ 舞踏劇 : 무도극, 춤극
⑩ 狂言 : 희극
⑪ 観阿弥 : (1333~1384) 南北朝時代의 가면극 배우. 이름은 清次
⑫ 世阿弥 : (1363頃~1443頃)室町(むろまち)前期의 가면극배우. 아버지와 더불어 가면극을 크게 완성시켰다.
⑬ 太鼓 : 북

◐ 伝統音楽

ヨーロッパから入ってきた音楽を①「洋楽」というのに対し、日本の伝統音楽を②「邦楽」という。 邦楽には、③雅楽、④俗曲、能楽などがある。

洋楽と邦楽の大きな違いは、洋楽が7音階なのに対して、邦楽は5音階ということである。

日本の伝統的な楽器としては、⑤琴、⑥尺八、三味線などがある。いずれもカルチャースクールの講座としてはポピュラーなもので、女性のお稽古事としては比較的身近なものとなっている。これらの日本の楽器は、西洋の楽器とのアンサンブルにもマッチする場合があり、そのような演奏会もたまに開かれている。

■ 三味線 일본 전통 악기

◐ 和歌、短歌、俳句、川柳

⑦和歌とは、⑧漢詩に対して、奈良時代までに発生した日本固有の詩歌の称であり、長歌・短歌・旋頭歌・片歌などの総称であった。

だが、平安時代以降になると、他の形式はすたれ、和歌というともっぱら短歌のみをさすようになった。

その短歌とは、五七五七七の五句三一音を原則とする。その起源はよくわからず、諸説あるが、万葉時代には既に確立していた。

⑨俳句は、五七五の三句の定型から成り、季語を含むことを約束とする日本独自の短詩型文芸である。⑩俳諧⑪(連句)の⑫発句(第一句目)が独立してできた。「俳諧の句」を略した語で、もとは連句の各句をもさしたが、明治中期、正岡子規が俳諧革新運動において、旧派の⑬月並俳諧における「発句」に抗する意図でこの語を使用した⑭ことから、一般化し定着した。

---

① 洋楽 : 양악
② 邦楽 : 국악
③ 雅楽 : 궁중음악
④ 俗曲 : 속요
⑤ 琴 : 거문고
⑥ 尺八 : 퉁소
⑦ 和歌 : 일본 고유형식의 詩(시)
⑧ 漢詩 : 중국의 전통 시
⑨ 俳句 : 五・七・五의 三句의 定型으로부터 되어, 계절어를 포함한 것을 약속으로 하는 日本독자의 短詩型 文芸
⑩ 俳諧発句 : 곧 俳句連句의 총칭
⑪ 連句 : 五・七・五의 長句, 七・七의 短句와 상호 이어 쓰는 것
⑫ 発句 : 율시의 제一・二句
⑬ 月並俳諧 : 신선미가 없는 평범한 排句
⑭ ことから : ~한 이유에서, ~때문에 =ことが理由で

川柳とは、①前句付けから付句のみが独立した一七字無季の短詩である。江戸中期頃から、②切れ字の制約もない口語詩として流行った。人情・世態・風俗を鋭くとらえ、③滑稽・④風刺・⑤機知などを特色とする。

短歌、俳句、川柳の創作は、現在でもきわめて活発に行われている。プロの歌人だけではなく、アマチュアの歌人も投稿する機会が多く設けられており、積極的にチャレンジしている。

■ 川端康成

■ 小沢征爾

■ 小室哲也

■ 大江健三郎

■ 宮崎駿

■ 中村紘子

■ あたら夜の月と花とを · 同じくは · あはれ知れらん人に見せばや

---

① 前句付け : 七・七또는五・七・五의 전구에 구를 이어붙인는것
② 切れ字 : 連歌나 俳句에서 구의 단락에 쓰는 助詞・助動詞등. や・かな・けりし 命令形 등
③ 滑稽 : 해학, 익살맞음
④ 風刺 : 풍자, 비꼼
⑤ 機知 : 재치, 기지

② 現代文化

日本の現代文化は、全体としてみれば①活況を呈している。その理由として、日本人はストレートに物事を表現するのを嫌いかつ苦手で、他人への②気配りに③長けているので、人間の心理の細かいひだを④婉曲に⑤描写するのが得意なことにある。

また、大衆文化が非常に発達していることも、日本の現代文化の特徴である。大衆文化は、日本の現代文化を厚みのあるものとしている。

◐文学

現代の日本においては、文学活動はきわめて活発であり、その内容もジャンルを問わず⑥多岐にわたっている。

純文学の世界では、⑦谷崎潤一郎、⑧川端康成、⑨三島由紀夫、⑩大江健三郎などの作品が、翻訳によって海外に広く紹介されている。特に、川端康成は１９６８年に、大江健三郎は１９９４年にノーベル賞を受賞したことで、よく知られている。両者のノーベル賞の受賞理由は、前者が「日本独特の⑪情緒を描き出している」、後者が「世界的に⑫普遍性のある問題を提起している」といったように、まったく対照的であるのがおもしろい。

このように、現代の日本の純文学は、世界的にも評価されつつあるが、現代の日本文学をさらに厚みのあるものとしている要因として、大衆文学の発達が挙げられる。特に、推理小説は広く大衆に学まれている。推理小説といえば、イギリス、アメリカ、フランスの作家が世界的に有名であり、日本でも多くの物が翻訳され、また映画化やドラマ化もされて、広く紹介されている。

しかし、日本人の推理作家の数もかなりに上る。彼らの作品は、⑬巧妙なトリックを用いたものが多く、作品の質という点でも欧米に引けを取らない。ベストセラーの上位にも常に⑭食い込み、幅広く読まれている。また、映画化やドラマ化もされている。例えば、松本清張、山村美紗、森村誠一などは、人気の高い作家である。訳の売店には必ず推理小説が置いてあり、電車に乗り込む前に一冊を買い求め、車中でそれを読みきる。

---

① 活況（かっきょう）：활기 있는 상황, 활기.「活況を呈する」
② 気配り（きくばり）：배려
③ 長ける（たける）：뛰어나다, 밝다.
④ 婉曲（えんきょく）：완곡
⑤ 描写（びょうしゃ）：묘사
⑥ 多岐（たき）にわたる：여러 갈래에 걸치다.
⑦ 谷崎 潤一郎（たにざき じゅんいちろう）(1886～1965)：小説家
⑧ 川端康成（かわばたやすなり）(1899～1972)：小説家
⑨ 三島由紀夫（みしまゆきお）(1925～1970)：小説家・劇作家
⑩ 大江 健三郎（おおえ けんざぶろう）(1935年1月31日～)愛知県（あいちけん）태생의 작가, 소설가
⑪ 情緒（じょうしょ）：정서
⑫ 普遍性（ふへんせい）：보편성
⑬ 巧妙（こうみょう）なトリック(trick)：책략, 속임수
⑭ 食（く）い込む：먹어 들어가다, 파고들다, 처박히다.

◐ 映画

日本映画もその活動内容は多岐にわたっている。欧米の①権威ある映画祭でも、数々の賞を受賞し、実績を残している。また、日本映画の特徴として、アニメ映画が発達していることが挙げられ、欧米とは異なるオリジナルな面も②有している。

日本では、映画館で映画を見る人は減った。映画館に行かなくても、自宅でテレビやビデオで映画を見ることができるようになったためである。テレビの衛星放送でも映画を見ることはできるし、レンタルビデオショップに行って、映画のビデオを借りて来て、家で見ることもできる。

しかし、今世紀に入って、映画館の数は横ばいになった。スクリーンをいくつも③併設した大きな映画館が、大型ショッピングセンターなどに開館するようになったためである。

これらの新しい映画館のほとんどは④盛況である。若者たちのデートスポットともなっている。

◐ 美術

日本の美術界は、日本画と西洋画からなるが、いずれのジャンルにしても、我々は比較的身近に接することができる。日本では美術館の数は非常に多い。国、地方自治体、企業、個人など、その運営団体は多岐にわたっている。また、デパートに美術館が併設されているところもある。

洋風建築の家が増えたことで、絵を飾るスペースができ、居間に絵を飾る家も増えている。しかし、１９９０年代のバブル経済の崩壊により、高価な絵を⑤手放さざるを得ない家庭も増えている。

◐ 音楽

日本の現代音楽は、大きく分けてクラシック音楽と⑥歌謡曲からなる。

クラシック音楽の分野では、指揮者の小沢征爾、ピアニストの中村紘子などに代表される数多くの日本の音楽家が、欧米のコンクールで数々の入賞を収め、それをきっかけと

---

① 権威(けんい) : 권위
② 有(ゆう)する : 가지다, 소유하다.
③ 併設(へいせつ) : 병설
④ 盛況(せいきょう) : 성황
⑤ 手放(てばな)す : 손을 놓다, 내놓다, 내버려 두다.
⑥ 歌謡曲(かようきょく) : 가요곡, 유행가

して欧米で活躍している。ベルリン・フィルに代表される欧米の一流のオーケストラの団員として、活躍する演奏家も多い。

このように、日本の演奏家が欧米で活躍できる理由としては、前述のように、日本人は直接的に感情を表現するのが苦手であるので、楽器という道具を①媒体として間接的に表現する手段が日本人にマッチしていること、また日本人は協調性に優れているので、オーケストラという②合奏の形態も日本人に合っていることなどが挙げられる。

国内にも数多くのオーケストラがある。東京だけでも九つもある。また、大阪のザ・シンフォニーホール、東京のサントリーホール、オーチャードホールなど音響効果の優れた大ホールが、近年全国各地で③相次いで造られるようになり、演奏会も活発に開催されている。しかし、その一方、ファンの数が限られているので、④供給⑤過剰の感は⑥否めない。

音楽教育による成果も⑦見逃すことができない。日本では、幼稚園や小学校低学年の内からピアノを習わせている家庭が多い。女の子のお稽古ごととしては、ピアノはもっともポピュラーなものの一つである。小学校高学年のクラスでは、女の子の半数近くがピアノを習った経験を持っている。したがって、ピアノは家庭でも多く普及している。

中学校では、学年に一人は必ず先生よりもピアノのうまい生徒がいる。また、日本には数多くの音楽大学がある。音楽大学の中で邦楽を教える所はごく⑧僅かで、ほとんどは洋楽を教える大学である。全体的に見ると、日本人は洋楽の教育にはいたって熱心といえよう。

日本の歌謡界は演歌とポップスからなる。演歌は日本独特のジャンルで、「こぶし」といって、独特の喉を震わせる技法を用いて歌う。

韓国にも似たようなものがあり、日本の有名な歌手でも、在日韓国・朝鮮人が比較的多い。

現代の日本では、演歌のCDの売れ行きは⑨芳しくない。また、若者の演歌離れ、ファンの高齢化も進んでいる。

---

① 媒体(ばいたい) : 매체
② 合奏(がっそう) : 합주
③ 相次ぐ(あいつぐ) : 잇따르다, 연달다.
④ 供給(きょうきゅう) : 공급 ↔需要(じゅよう)수요
⑤ 過剰(かじょう) : 과잉
⑥ 否めない(いなめない) : 부정할 수 없다. 사절할 수 없다.
⑦ 見逃す(みのがす) : 못보다, 묵인하다.
⑧ 僅か(わずか) : 얼마 안되는, 조금, 약간
⑨ 芳しい(かんばしい) : 냄새가 좋다, 향기롭다. 명예롭다. 훌륭하다. 立派だ、よい ·「보통 否定형태로 (좋지 않게, 나쁘게) 사용」

ポップスは、近年の演歌の①低迷を②よそに、国民の間で広く親しまれている。ファンは比較的③若年層が多い。日本のポップスはアメリカの④模倣という感が強く、オリジナリティーに乏しい。アメリカ人の歌手が来日すると大騒ぎになるが、日本人の歌手がアメリカに行っても騒がれることはない。ただ、東南アジアにおいては、名の通った日本人の歌手も若干名いる。

日本人はカラオケ好きである。各地にカラオケ・ボックスがあり、また、スナックにもたいていは、カラオケが備え付けられている。そこでは、演歌もポップスもリクエストできる。このカラオケ文化は、海外でも特に、日本人の駐在員の多い都市を中心に、輸出されるようになった。

◐ 漫画

日本では、漫画文化が発達している。漫画は、たいてい子供の間で愛読されるものであるが、日本では、大人も漫画を読む。電車の中では、漫画を読んでいるサラリーマンの姿も珍しくない。日本の漫画は、大人も楽しめる優れた内容のものが多いのが特徴である。 これらのすぐれた漫画は、欧米にも輸出されている。

現在では、漫画の内容は極めて多岐にわたっている。歴史や経済を漫画で説明したり、日本文学の古典が漫画になったりもしている。

---

① 低迷 : 나쁜 상태에서 헤어나지 못하여 헤맴, 저조
② よそに : ~을 무시하고, ~을 아랑곳 하지 않고
③ 若年層 : 젊은층
④ 模倣 : 모방

第1章 日本生活入門

第5節 日本の教育

第５節 日本の教育

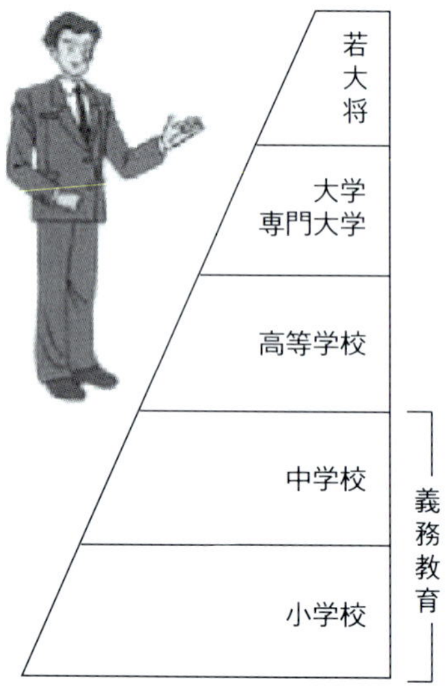

日本の教育制度

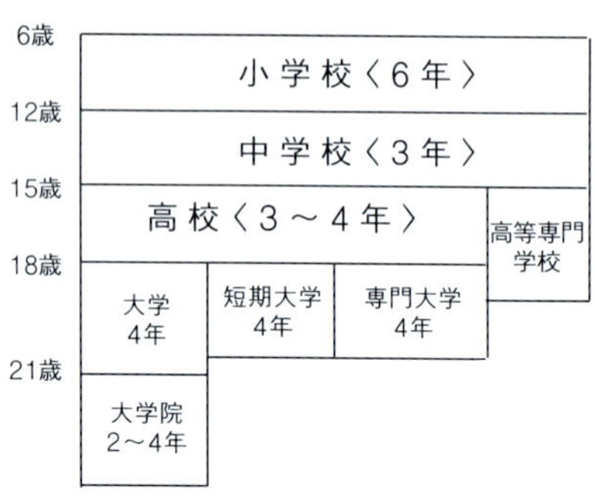

現代の日本の学校制度の基本は、幼稚園（１～３年）、小学校（６年）、中学校（３年）、高等学校（３年）、大学（２年の短期大学、四年制の大学、６年の医、歯、薬、①獣医の各学部）、大学院（修士課程２年、②博士課程３年）である。この他、中学校卒業生を受け入れる高等専修学校、主として高校卒業生を受け入れる専修学校や各種学校、心身障害者を受け入れる盲学校、③聾学校、養護学校（それぞれ小、中、高の課程がある）などがある。

義務教育は、小学校、中学校の九年間であり、その④就学率は９９パーセント以上である。

高校進学率も高く、９５パーセント以上にも上る。さらに、高校卒業者のほぼ3分の1が、大学に進学する。

日本の小学校、中学校、高等学校では、校内暴力、いじめ、学級崩壊などの問題が表面化している。これらの問題の原因として、従来から受験競争の⑤弊害が指摘されてきた。

かつて日本の学校の入試問題はきわめて⑥難解で、それが受験競争を激化させ、子供た

---

① 獣医（じゅうい）: 수의사
② 博士（はかせ）: 박사
③ 聾学校（ろうがっこう）: 농아학교
④ 就学率（しゅうがくりつ）: 취학률
⑤ 弊害（へいがい）: 병폐
⑥ 難解（なんかい）: 난해

ちの①塾通いを促進し、②ひいては子供たちの創造力を③奪い、ストレスを激化させたという反省から、入試問題の改善には従来から真剣に取り組んできた。それにもかかわらず、問題は一向に改善される兆しはない。

中学校での校内暴力が収まったと思うと、またいじめという新たな問題が発生し、それも収まったと思うと、今度は小学校での学級崩壊が問題となるといった④具合である。したがって、校内暴力などの一連の問題と受験競争との因果関係はきわめて薄い⑤といわざるを得ない。

それでは、学校でのいじめなどの原因は何かというと、一つには、日本の親は一般的に子供のしつけに甘く、すべてを学校任せにしていることにあるといえよう。

日本の親は子供を厳しくしかることはしない。 子供が何をしても知らん顔である。だから、例えば、我々が人通りの多い通りを歩くときは、神経を払わなければならない。

いつ子供が飛び出してくるかわからないからである。 その時もし子供にけがを負わせたならば、大変なことになる。 親は、自分の子の⑥非を⑦棚に上げて、けがを負わせた大人だけを責める。 では、そのような事態になる前に、子供に「危ないから気をつけなさい」と注意をしたらどうなるかというと、親にものすごい目で睨み付けられる。だから、大人たちは、怖くて子供を注意もできない。

近所のおばさんたちも、いつしか子供たちの行動に無関心を⑧装うようになってしまった。

このように甘やかされた子供たちが学校に通い、その⑨しつけを先生にすべておしつけるのだから、先生はたまったものではない。

先生が子供に厳しくしようものなら、親からクレームが来る。 子供が何か学校で問題を起こしても、親は自分の子をしかるのではなく、先生にクレームをつける。 だから、先生は親が怖くて、満足な指導ができない。

このように先生が⑩弱腰になると、子供たちは⑪増長してくる。 それが、学校内における学級崩壊やいじめという事態になっている。

---

① 塾通い : 학원통학

② ひいては : 나아가서는

③ 奪う : 빼앗다.

④ 具合 : 형편

⑤ ～といわざるを得ない : 말하지 않을 수 없다.

⑥ 非 : 잘못, 결점

⑦ 棚に上げる : 내버려두다, 젖혀놓다.

⑧ 装う : 가장하다, 그런체하다.

⑨ 仕付け : 예의범절

⑩ 弱腰 : 소극적인 태도 ↔強腰, 「弱腰になる 소극적이다.」

⑪ 増長 : ㉠ 우쭐하여 거만해짐. ㉡ 좋지 못한 버릇 따위가 점점 심해짐

こうして問題が大きくなってくると、先生たちはマスコミの①槍玉にも上がる。そうなると、先生たちは、親とマスコミの双方から突き上げられ、まさに精神的な逃げ場を②失っている。「家庭のしつけが基本」という言葉は、現在の日本では通用しないのである。

高校まで甘やかされた生活を過した子供たちは、大学に進学する。日本の大学入試は難しいと一般にいわれているが、それは国公立の大学や世間で一流と言われている一部の私立大学に限った話である。それらの一流大学に入れるために、東京や大阪の一部の母親は、子供を小さいうちから塾に通わせ、子供を名門の私立の幼稚園、小学校、中学校に入れることに夢中になる。地方の子供は、小学校から高校までをずっと公立で通し、それでも一流の大学に合格しているという事実があるにもかかわらずである。

日本の大学生は勉強をしないで遊んでばかりいるといわれているが、それは文科系の学生に限った話である。

理科系の大学は一般的に入るのが難しく、また入ってからもカリキュラムが多く勉強で忙しいため、学生生活をエンジョイしている暇はない。彼らの多くは大学院まで進学する。就職は、文科系の学生に比べて有利である。彼らは、企業の研究員として、日本の科学技術の向上に③大いに貢献する。

一方、文科系の大学の多くは、入るのが比較的容易である。そのため、明確な目的意識を持たない生徒は、文科系に流れやすい。

また、ただ単に「数学が④苦手だから」という理由で、文科系に流れる者も多い。このような学生が文科系の大学にたくさん入ってくるわけだから、大学もレジャーセンターと化してきている。親がリストラ、失業の⑤恐怖と戦っているにもかかわらず、あまり勉強をしないで、アルバイトと遊びに⑥明け暮れている学生も多い。

文科系の学生の就職戦線は厳しい。その厳しい就職戦線を勝ち抜くと、厳しい研修が待っている。日本の若者は、生まれてから

---

① 槍玉をあげる ： 비난(공격)의 대상으로 삼다.
② 失う ： 잃다.

③ 大いに ： 크게
④ 苦手 ： 싫어하면서 못함
⑤ 恐怖 ： 공포
⑥ 明け暮れる ： 같은 일을 되풀이하여 세월을 보내다.

大学生まで甘やかされて育ち、就職して初めて鍛えられるといってよい。

しかし、近年の企業はその業績の悪化から、即戦力となる人材を求めるようになり、新入社員を育成する余裕はなくなってきた。

そこで、企業が新規の採用を手控えるようになると、就職できないであぶれた学生たちは、「フリーター」となる。近年では、自ら進んでフリーターの道を選ぶ学生も多い。

文科系の学生でもまじめに勉強する者もいる。彼らの中でもごく①一握りの成績優秀者は、国家公務員となって、日本の政治を②腐敗構造へと導く。

■ 幼稚園の体験学習

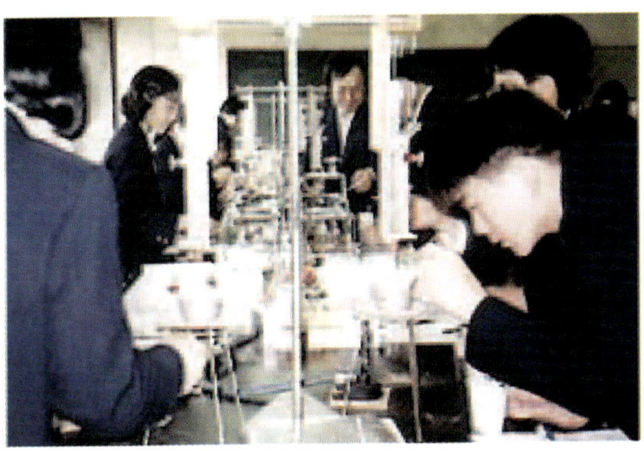

■ 中学校の実験学習

① 一握り：한 움큼, 함 줌의 양, 소수의, 약간의

② 腐敗：부패

第1章 日本生活入門

第6節 日本の宗教

■ 伊勢神宮内宮

第6節 日本の宗教

日本の宗教人口は、統計では①神道と仏教がほぼ半々をいうことになっている。だが、実際の信者の正確な数は②把握できないのが実情である。それは、現代の日本人で真剣に宗教を③信仰している者は、きわめて少ないことによる。確かに、今でこそ数少なくなったが、日本の家庭には④神棚や⑤仏壇がおかれており、神棚に向かって⑥拝んだり、祖先を⑦祭った仏壇に向かって拝んだりする。しかし、現代の日本人の生活の中で、も

---

① 神道 : 日本民族固有의 전통적인 宗教的 実践과, 그것을 지탱하고 있는 生活態度 및 理念
② 把握 : 파악
③ 信仰 : 신앙
④ 神棚 : 집안에 신을 모시는 곳
⑤ 仏壇 : 불단
⑥ 拝む : 공손히 절하다. 뵙다.
⑦ 祭る : 제사지내다. 혼령을 모시다.

はや宗教的な活動というものは、あまり大きなウェイトを占めていない。また、初詣は神社に行き、結婚式は数会で挙げ、葬式はお寺で行うといったこともごく普通に行われており、好意的に見れば日本人は宗教に対して①寛容であるといえよう。

◐ 仏教

仏教は紀元前５世紀ごろインドで始まり、６世紀に中国から朝鮮半島を経由して日本に来た。平安時代になると、②空海が③真言宗、④最澄が⑤天台宗を開いた。さらに鎌倉時代には、⑥法然が、⑦浄土宗、⑧親鸞が、⑨浄土真宗、⑩道元が、⑪曹洞宗、⑫日蓮が、⑬日蓮宗、⑭栄西が、⑮臨済宗を開き、民衆の宗教へと定着して行った。

現在の仏教は、主に葬式のときだけに利用されるものとなってしまっている。また、日本の仏教は、例えば、お坊さんの結婚が認められていることに見られるように、世俗化しているといえよう。

◐ 神道

神道は、アニミズムの一種であり、自然を⑯崇拝する気持ちが宗教となったものである。

神道は初期のころには、⑰開祖も⑱教理もなかったが、平安時代に仏教と⑲融合し、神社の⑳境内に㉑神宮寺を建てたり、お寺の境内に神を祭ったり、神前で㉒読経が行われたりし、その後もさまざまな融合が行われ、現在に至っている。

現在、神社の数は約８万に上る。初詣、結婚式、合格祈願、㉓厄除けなどの時に、神社を訪れる人は多い。

---

① 寛容(かんよう) : 관용
② 空海(くうかい) : (774~835) 平安초기의 승녀. 日本의 真言宗의 開祖。諡号(しごう), 弘法大師
③ 真言宗(しんごんしゅう) : 불교의 한 종파
④ 最澄(さいちょう) : (767~822) 일본 천태종의 개조. 성은 三津首(みつのおびと)
⑤ 天台宗(てんだいしゅう) : 일본 8종 · 중국 13종의 하나. 대승불교의 한 종파
⑥ 法然(ほうねん) : (1133~1212) 정토종의 개조
⑦ 浄土宗(じょうどしゅう) : 平安(へいあん)말기 오로지 염불을 외우면 극락왕생한다는 교리
⑧ 親鸞(しんらん) : (1173~1262) 鎌倉(かまくら)초기의 스님. 정토진종의 개조
⑨ 浄土真宗(じょうどしんしゅう) : 정토교의 한파. 믿음만으로 왕생할 수 있다고 한다.
⑩ 道元(どうげん) : (1200~1253) 鎌倉(かまくら)초기의 선승. 일본 조동종의 개조
⑪ 曹洞宗(そうとうしゅう) : 선종의 한파
⑫ 日蓮(にちれん) : (1222~1282) 鎌倉(かまくら)시대의 승. 일련종의 개조
⑬ 日蓮宗(にちれんしゅう) : 日蓮(にちれん)이 연 불교의 한 종파. 법화경을 근거로 함
⑭ 栄西(えいさい) · 栄西(ようさい) : (1141~1215) 鎌倉(かまくら)초기의 선승. 일본의 임제종의 개조
⑮ 臨済宗(りんざいしゅう) : 선종의 한파
⑯ 崇拝(すうはい) : 숭배
⑰ 開祖(かいそ) : 창시자
⑱ 教理(きょうり) : 교리
⑲ 融合(ゆうごう) : 융합
⑳ 境内(けいだい) : 경내
㉑ 神宮寺(じんぐうじ) : 神社(じんじゃ)에 부속해서 세워진 寺院
㉒ 読経(どっきょう) · 読経(どきょう) : 불경을 읽은 것
㉓ 厄除け(やくよ) : 액막이

◐ 新興宗教

日本の新興宗教のほとんどは、仏教かキリスト教の流れを①くんでいる。

新興宗教の特徴は、信者の年齢層が若いことである。悩みの多い現代の若者は、とことん人生相談に乗ってくれる教祖と信者に魅力を感じる。また、その教義も非常にわかりやすいものである。こうして、現代の若者は新興宗教に②身を投じていく。

しかし、一部の新興宗教には数々の矛盾がある。はたから見ればその矛盾は明らかなのだが、信じている本人たちはその③矛盾に気づかない。こうして、一部の新興宗教の信者たちは、④霊感商法や⑤テロまがいの行為など、反社会的な行動を平気で犯すようになっている。それは現代における大きな社会問題にまで発展してきている。あるいは、彼らがもし仮にその矛盾に気づいたとしても、なかなかそこから抜けられない。

ある程度年月が経ち、大きくなってしまった宗教団体の中には、事実上の政治団体と化してしまったものもある。また、親は熱心に信仰していても、子は名前だけでまじめに活動していないケースが多い。

① くむ ：「～の流れをくむ 형태로 ～이어받다」「プラトンの流れをくむ学派 ： 플라톤의 사상을 이어받은 학파」
② 身を投じる ： 몸을 던지다, 어떤 일에 뛰어들 ～ 투신하다.
③ 矛盾 ： 모순
④ 霊感 商法 ： 영감 상법
⑤ テロまがい ： 테러와 구별하기 어려움

第1章 日本生活入門

第７節 日本の歴史

第7節 日本の歴史

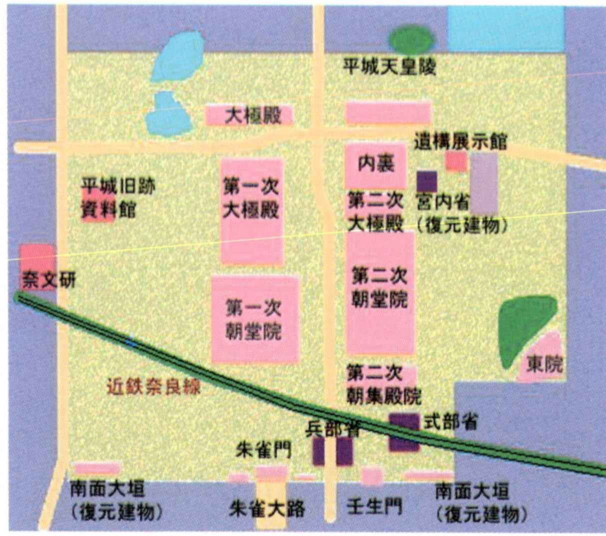

■ 平城京配置

◐ 日本の①あけぼの

日本列島が大陸とまだ陸続きであった数万年前から断続的に、東南アジア方面から②旧石器人が日本列島に移住してきた。③氷河期が終わり、一万数千年前、日本列島が大陸から引き離されると、彼らは、約一万年前、特異な土器を持つ④縄文文化を築いた。彼らは⑤狩猟採集民族であった。

続いて、中国雲南省から揚子江流域、山東省、朝鮮半島を経由して、紀元前四世紀から二世紀にかけて、日本列島に相次いでやってきた一団がいた。彼らは、⑥稲作文化を日本列島に持ち込み、⑦弥生文化を築いた。

現在の日本人は、縄文文化を築いた縄文人と弥生文化を築いた弥生人の⑧混血であるが、

---

① あけぼの : 여명기
② 旧石器人 : 구석기인
③ 氷河期 : 빙하기
④ 縄文 文化 : 조몬 문화
⑤ 狩猟 採集 : 수렵채집
⑥ 稲作 : 벼농사
⑦ 弥生文化 : 야요이 문화
⑧ 混血 : 혼혈

後者が前者を吸収したため、縄文人の要素はきわめて薄い。 縄文人の要素を今でも残しているのは、北海道のアイヌ、沖縄、鹿児島など限られた地域に過ぎない。 従来、日本人の起源については、近年まで北方説と南方説が対立していたが、以上に見るように、また遺伝学の上も、南方説であることが証明され、北方系を主とする朝鮮民族とは異なることに注意すべきである。

１８０年ごろ、①女王卑弥呼をいただく②邪馬台国を③盟主として、それぞれ王を持つ３０国が分立した。 邪馬台国がどこにあったかについては、北九州説と畿内説があるが、現在では畿内説が有力になりつつある。

３世紀から４世紀の初めに、④大和政権が誕生した。 当時の日本には文字がなく、５世紀に中国から漢字を取り入れた。 ６世紀になると、中国から仏教も伝来した。 ７世紀になると⑤聖徳太子が⑥摂政となって国政に携わり、中国の⑦隋（５８１－６１８）に遣隋使を派遣したり、１７条の憲法を制定したりした。

７世紀の半ばには、律令という法律を制定し、この体制は９世紀まで続くが、荘園という私有地を持った貴族が勢力を伸ばしてきて、体制は徐々に崩壊していった。

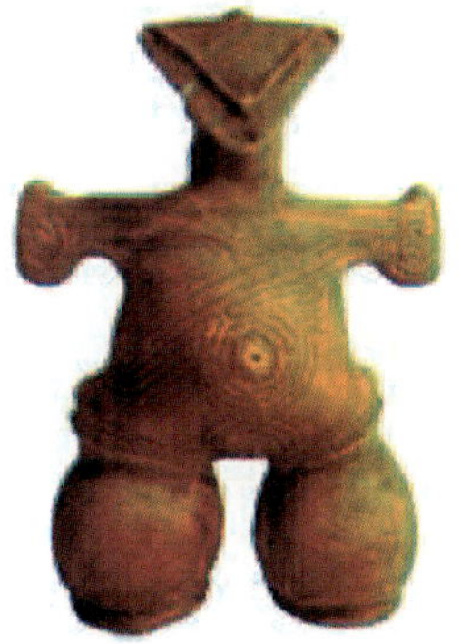

■ 土偶

⑧平安時代（７９４－１１９２）になると、京都の平安京を中心に貴族文化が花開いた。 初期のころには、中国の唐から、文学や仏教の分野で新しい文化が入ってきたが、８９４年に⑨遣唐使を廃止してからは、日本独自の国風文化が花開いた。 漢字を改良した仮名文字も発明された。

---

① 女王卑弥呼 ：「三国志」魏書東夷伝倭の条(이른바「魏志倭人伝」) 에 의해서 알려진 邪馬台国의 女王

② 耶馬台国 ： 3世紀경 日本에 있었던 国의 이름

③ 盟主 ： 맹주

④ 大和政権 ： 大和의 奈良盆地을 中心로한 畿内의首長連合

⑤ 聖徳太子 ： (574~622) 用明天皇의 皇子

⑥ 摂政 ： 섭정

⑦ 隋 ： 따름, 같이 감. 조건에 따름, 뜻대로 됨. 옛날 중국의 나라이름

⑧ 平安時代 ： 政権의 中心이 鎌倉로 옮겨질 때까지의約 400 年間을 말한다.

⑨ 遣隋使 ： 견수사 飛鳥시대초에 중국 수나라로 일본에서 파견한사절

◐ 鎌倉・室町時代

平安時代の後期になると、農業生産力の上昇によって有力者が出現し、武士が誕生した。

鎌倉幕府のしくみ

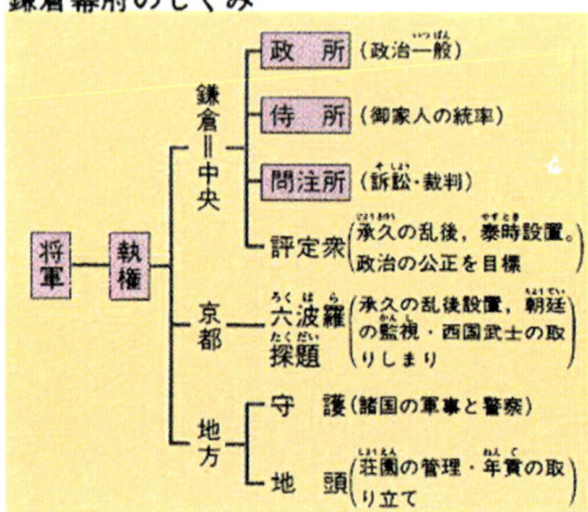

■ 学研学習事典データベース（C)Gakken 1999

その中で、①平氏と源氏が有力となったが、②源氏が平氏を滅ぼし、１１９２年、③源頼朝が鎌倉に幕府を開く。これが鎌倉時代の始まりである。以後、④武家政治は約７００年間続くこととなる。

源氏は三代で⑤跡絶え、その後⑥北条氏が⑦執権として政権を握ることになる。しかし、中国の元が１２７４年と１２８１年に攻めてきた。幕府の軍は、これをいずれもかろうじて⑧退けたが、恩賞もなく不満を持つ武士たちが増え、幕府の力は衰えていった。

鎌倉時代の文化は、武士や庶民に支持された新しいもので、特に仏教では次々と新しい宗派が開かれた。

⑨室町時代になると、⑩足利氏が京都に室町幕府を開き、それが２４０年間続く。この時代は、民衆の間にも文化が広がり、能、狂言、茶の湯、生け花もこの時代に基盤を確立していった。

この時代の中ごろ、将軍の⑪跡継ぎをめぐって応仁の乱が起き、その後日本各地で武田信玄、上杉謙信などの実力のある大名同士が争って、戦乱が約１００年間続く。これを戦国時代という。

このような⑫群雄割拠の時代にあって、⑬頭角を現してきたのが織田信長である。

しかし、彼は部下の明智光秀に京都の⑭本能寺で暗殺される。

---

① 平氏 ：「平」의 姓을 따른 一族
② 源氏 源 ：姓의 氏族을 칭한다.
③ 源頼朝 ：(1147～1199) 鎌倉幕府初代将軍
④ 武家政治 ：무인정치
⑤ 跡絶える ：왕래가 끊어지다, 두절되다. 중단되다.
⑥ 北条氏 ：小田原을 本拠로한 戦国大名
⑦ 執権 ：집권
⑧ 退ける ：격퇴하다, 물러가게 하다.
⑨ 室町時代 ：足利氏가 京都室町에 幕府을 열고, 政権을장악하고 있던 時代(1336～1392)
⑩ 足利氏 ：時代区分의 하나. 足利氏가京都에幕府을 열었던 시대. 1336年～1573年
⑪ 跡継ぎ ：후계, 계승
⑫ 群雄 割拠 ：군웅할거
⑬ 頭角 ：「頭角をあらわす。두각을 나타내다.」
⑭ 本能寺 ：京都市中京区寺町通御池에 있는 法華宗本門流의 大本山

その跡を継いだのが、①豊臣秀吉である。彼は二度も朝鮮を侵略したが、その戦いの途中で死んだ。

◐ 江戸時代

江戸幕府の仕組み

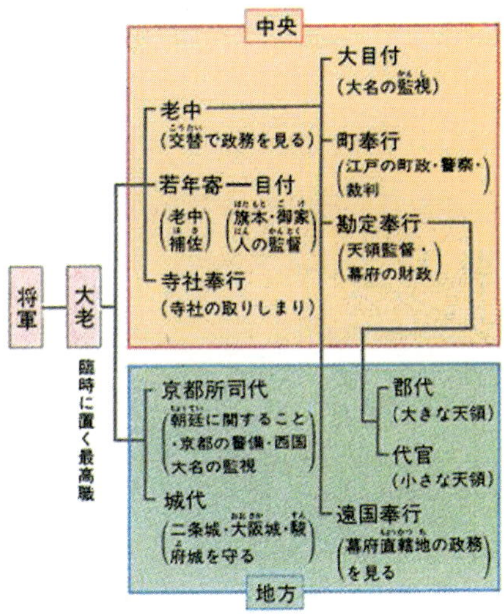

■ 学研学習事典データベース (C)Gakken 1999

豊臣秀吉の死後、政権を握ったのは②徳川家康である。彼は、1603年江戸に幕府を開く。以後、江戸時代は約260年続く。

彼の③統治の仕方は、きわめて巧妙であった。例えば、大名(1万石以上の領地を持つもの)に、④国元と江戸とを1年交代で往復させる⑤参勤交代を義務づけ、大名の⑥妻子は江戸に住むことを強制された。これは大名にとってはかなりの財政負担であり、大名の力を弱めるための巧妙な政策であった。

江戸時代は、封建制と⑦鎖国の時代といわれるが、それは一面的な見方である。

この時代は、⑧士農工商といって、武士、農民、職人、商人の身分がはっきりしていた。

しかし、諸外国との比較という点で言えば、日本の封建制度はたったの4階級という見方もできるのであり、日本の歴史を全体的に見れば、総じて日本の社会は平等であるといえよう。また、鎖国の時代といっても、スペイン、ポルトガルとの通商を止めたということだけで、オランダ、清、朝鮮とは貿易を継続していたのである。日本人は外国の文化を⑨模倣することに長けている。それもただ模倣するのではなく、自分に合わないものは

---

① 豊臣秀吉 : (1536~1598) 安土桃山時代의 武将尾張中村의 人
② 徳川家康 : (1542~1616) 江戸幕府初代将軍
(1603~1605) 三河岡崎 城主松平広忠의 長男
③ 統治 : 통치
④ 国元 : 大名(だいみょう)의 영지
⑤ 参勤交代 : 江戸幕府의 大名統制策의 하나. 原則적으로一年交代로, 大名을 江戸지방과 領地에居住시킨 制度
⑥ 妻子 : 처자
⑦ 鎖国 : 쇄국
⑧ 士農工商 : 상농공상
⑨ 模倣 : 모방

①斬り捨て、合うものだけを上手に取り入れている。当時の日本は、キリスト教を自国に②馴染まないものと考え、キリスト教の布教にこだわったスペイン、ポルトガルとの貿易関係を斬った。

オランダとの貿易は、長崎の出島を通して行われた。オランダからはさまざまな学問が入ってきたが、特に医学がオランダから取り入れられた。③前野良沢、④杉田玄白らが訳した解剖書『解体新書』は画期的なものである。このように、日本は早くから外国の学問を取り入れ、その術語を自国の言葉に訳すという作業を繰り返してきたので、そのおかげで、現在、大学の授業も日本語で行えるし、日本語のテキストを用いることもできる。

江戸時代には、資本主義の⑤萌芽も見られる。 江戸時代は、全体的に見れば封建社会であるが、その間には幾度となく⑥たがが緩み、そこで⑦享保、⑧寛政、⑨天保の改革によってたがを締めなおすということの繰り返しであった。そういう時代の最中において、⑩田沼意次はユニークな政策をとった。田沼は、幕府直営の座を設けて専売し、特定の商人に専売を許したり、商工業者の株仲間を積極的に公認して、販売や製造などの特権を与えた。また、銅を輸出して金銀の輸入をはかり、北海道の開発とロシア人との貿易を計画した。町人に新田開発を奨励し、商人資本を導入して、⑪印旛沼干拓や⑫手賀沼のを企てた。これらの政策は、明治時代以後の資本主義を⑬先取りした政策として、評価されよう。

教育の面では、⑭寺子屋制度が挙げられる。庶民の初等教育機関である寺子屋では、読み、書き、そろばん、道徳などが教えられた。

また、女子教育も進められた。この寺子屋制度のおかげで、明治時代以後の義務教育の導入がスムーズに行われ、義務教育の初期から就学率が高かった。

１８５３年、⑮浦賀にペリーが来航し、開国を迫り、ここに２００年も続いた鎖国は終わりを告げた。

---

① 斬り捨てる : 베어버리다.
② 馴染む : 낯을 익혀 친해지다. 조화되다, 하나로 융합하다. 단골손님이 되다.
③ 前野 良沢 : (1723~1803)江戸중기의 학자
④ 杉田玄白 : (1733~1817)江戸중기의 양의학자. 일본 의학사상에 많은 공헌을 함
⑤ 萌芽 : 초목의 싹이 틈. 사물의 시작, 징조가 보임
⑥ たがが緩む : 정신이 해이해지다. 기강이 흐트러지다.
⑦ 享保 : 江戸時代(えどじだい)의 년호(1716.6.22~1736.4.28)
⑧ 寛政 : 년호(1789.1.25~1801.2.5)
⑨ 天保 : 년호(1830.12.10~1844.12.2)
⑩ 田沼意次(1719-1788) : 江戸주기의 幕府의 신하
⑪ 印旛沼干拓 : 下総国利根下総의 印旛늪을 干拓해서, 신 농토 開発을 목표로 한 事業
⑫ 手賀沼 : 千葉県 北西部, 利根川南해안에 있는 늪
⑬ 先取り : 선취
⑭ 寺子屋 : 江戸시대에 보급된 서당
⑮ 浦賀 : 三浦半島 南東部´横須賀市에 있는 造船工業地区

そして、１８６７年、徳川第１５代将軍慶喜は天皇に政権を返還し（大政奉還）、ここに武士の時代は終わりを告げた。

◐ 近代社会（明治時代から現在）

１８６８年、年号が明治となり、江戸を東京と改め、首都を移した。１８７１年には、①藩を廃止して県に編成しなおした②（廃藩置県）。士農工商の身分制度は廃止され、国民は皆平等となった。

政府は、早く欧米に追いつくために、各地に工場を造ったり、③徴兵制を敷いたりした。

そして、その財源を確保するため、国民に納税の義務を課した。また、科学技術の発展にも努め、欧米から多くの外国人研究者を④招聘した。

１８８９年には、大日本帝国憲法が⑤発布され、三権分立の体制が作られた。ここに、日本はアジアで初めての近代的立憲国家となった。

このような明治政府の一連の努力の多くは、結果的に第二次世界大戦後の発展への⑥礎を築いたといえ、大いに評価できよう。

１８９４年、⑦日清両国は朝鮮の内政改革を巡って対立を深め、日本は清に⑧宣戦を布告した。ここに日清戦争が始まり、日本はこの戦争に勝利した。

１９０４年には、満州を巡ってロシアと対立し、⑨日露戦争が⑩勃発した。この戦争にも勝利した日本は、欧米世界から⑪驚嘆の目で見られ、欧米列強の仲間入りを果たした。

しかし、これらの勝利はいずれも、近隣諸国の犠牲の上に成り立っていた。そして、それはやがて１９０９年の朝鮮⑫併合となって表れた。１９１４年、第一次世界大戦で日本は、日英同盟を理由にドイツに宣戦し、この大戦での戦勝国と扱われ、その後発足した国際連盟で常任理事国となった。

その後の日本は、ますます軍部が⑬台頭し、軍国主義の道を歩んで行った。１９３１年の満州事変に始まり、翌年の満州国の建国宣言、その翌年の国際連盟脱退、そして

---

① 藩：大名, 領地, 領民, 統治機構의 総称. 大名는 蕃主, 家臣는藩士이라고 한다.
② 廃藩置県：1871年(明治4)7月, 全国의 藩을 폐하고 府県으로 한 것
③ 徴兵制：징병제
④ 招聘：초빙
⑤ 発布：발포, 공포 ＝公布(こうふ)
⑥ 礎：초석, 주춧돌
⑦ 日清両国：청일양국
⑧ 宣戦布告：선전포고
⑨ 日露戦争：러일전쟁
⑩ 勃発：발발 ＝突発
⑪ 驚嘆：경탄, 몹시 감탄함. 몹시 놀람. 탄식함
⑫ 併合：병합. 두개 이사의 것을 합해서 하나로 함. 합병. 통합
⑬ 台頭：する 대두하다.

※ 万州事変 1931年(昭和6)9月18日、奉天(現在の瀋陽)교외의 柳条湖에서 満鉄線路의 爆破事件을 契機로시작된 日本軍의 中国東北에의 侵略戦争

１９３７年の日中戦争へといたり、その後の中国侵略やインドシナへの進出などで、アメリカやイギリスと対立するようになった。こうして１９４１年、日本軍は真珠湾に①奇襲攻撃をかけ、太平洋戦争へと突入した。

１９４５年、アメリカ軍によって広島と長崎に原爆が投下され、また、ソ連が対日参戦したことに大変なショックを受け、日本は②ポツダム宣言を受け入れて③降伏した。

戦後、日本国憲法が制定され、国民主権、基本的人権の尊重、平和主義の３原則が④掲げられた。こうして、日本は民主主義国家となった。

経済の面では、１９５０年代、１９６０年代と高度成長を⑤遂げて、その後のオイルショックの⑥危機も⑦乗り切って１９８０年代まで来た。その時点で、国内外の社会学科学者は、２１世紀の日本の未来について楽観的に予測していた。しかし、１９９０年代に入って、経済成長に⑧陰りが見えてきた。そして、その低迷状態から抜けきれないまま、⑨光明が見えないまま、２１世紀を迎えている。

■明治時代

① 奇襲 : 기습
② ポツダム宣言 : 1945年7月26日, 포츠담에서, 米・英・中 三国의 이름으로(후에, 구 소련도 対日参戦과 同時에 参加)발표한 日本에 대한 降伏勧告 및 戦後処理方針의 宣言
③ 降伏 : 항복
④ 掲げる : 내걸다, 내세우다.
⑤ 遂げる : 이룩하다.
⑥ 危機 : 위기
⑦ 乗り切る : 극복하다.
⑧ 陰り : 어두운 그늘, 그늘짐
「陰りが見える 어두운 면이 보이다.」
⑨ 光明 : 광명

日本史略年表

世界史略年表

古代(だい)

年	出来事
8000BC頃	縄文文化時代に入るギリシア
300BC頃	弥生文化時代に入る
57	倭の奴国王が中国(後漢)に使いを送り、金印を受ける
239	邪馬台国女王卑弥呼が中国(魏)に使いを送る

年	出来事
3000BC頃	四大文明が栄える
500BC頃	仏教が興る
550BC頃	ギリシア文化が栄える
334BC	アレクサンダー大王の遠征開始
272BC	ローマ、イタリア半島統一
221BC	秦、中国統一
202BC	漢、中国統一
27BC	ローマ、帝政を開始
25	光武帝、後漢を興す
280	晋の中国統一

· 縄文時代(じょうもんじだい) : 旧石器時代후로부터, 弥生(やよい)時代의시작되는 紀元前三世紀頃까지 계속된다.
· 弥生時代(やよいじだい) : 縄文時代에 이어서, 紀元前 五世紀頃로부터, 紀元後 三世紀頃까지 約800年間
· 邪馬台国(やまたいこく) : 二世紀後半부터 三世紀에 걸쳐서 日本에 存在한 나라

古墳時代(じだい)

年	出来事
350	大和朝廷成立
391	倭が高句麗と戦う
479	倭王武が中国(南朝)に使いを送る

年	出来事
375	ゲルマン民族大移動
395	ローマ帝国東西分裂
476	西ローマ帝国滅亡

· 古墳時代(こふんじだい) : 대략 四世紀頃부터 六世紀頃까지를 말한다.
· 高句麗(こうくり) : 고구려

飛鳥時代(じだい)

年	日本史
593	聖徳太子が摂政となる
604	十七条の憲法ができる
607	・小野妹子を隋に派遣する ・法隆寺建立
630	第一回の遣唐使を派遣する
645	大化の改新が行われる
672	壬申の乱
701	大宝律令ができる

年	世界史
589	隋の中国統一
610	マホメット、イスラム教を唱える
618	唐朝成立(隋の滅亡)
676	新羅、朝鮮半島統一

- 推古(すいこ) : 朝(592～628)를中心으로, 그 前後의 시기를 말함
- 摂政(せっしょう) : 섭정
- 小野妹子(おののいもこ) : 推古朝(すいこちょう)의 관료
- 法隆寺(ほうりゅうじ) : 奈良県斑鳩(いかるが)町에 있는 聖徳宗総本山
- 遣唐使(けんとうし) : 일본으로부터 당나라에 파견된 공식 사절
- 壬申(じんしん)の乱(らん) : 天智天皇의 아들 大友皇子와 同天皇の実弟 大海人皇子(おおあまのおうじ)과의 사이에서 발생한 皇位継承을 둘러싼 다툼
- 大宝律令(たいほうりつりょう) : 일본고대의 기본법전

奈良時代(じだい)

年	日本史
710	奈良に平城京ができる
712	『古事記』完成
710	『日本書紀』完成
727	渤海の使いがはじめてくる
743	墾田永年私財法がでる
752	東大寺大仏の開眼
759	『万葉集』完成

- 古事記(こじき) : 일본 역사서 3권으로 되어있음
- 渤海(ぼっかい) : 발해 中国의 東北地方東部・沿海州・朝鮮北部을 領土로서 번성한 高句麗族(こくりぞく)・靺鞨族(まつかつぞく)의 나라
- 墾田永年私財法(こんでんえいねんしざいほう) : 743년에 발포된 토지법
- 万葉集(まんようしゅう) : 시집 20권으로 되어있음

平安時代

794	桓武天皇によって京都に平安京ができる
805	最澄が天台宗を伝える
806	空海が真言宗を伝える
894	遣唐使の廃止
905	『古今和歌集』完成
996	『枕草子』(清少納言)
1008頃	『源氏物語』(紫式部)
1016	藤原道長、摂政となる
1053	平等院鳳凰堂完成
1086	白河上皇が院政をはじめる
1167	平清盛、太政大臣になる
1175	法然が浄土宗を唱える
1180	源平の争乱始まる

800	カール1世の戴冠
843	フランク王国3分割
907	唐の滅亡
960	宋の中国統一
962	オットー1世の戴冠、神聖ローマ帝国の成立
1054	キリスト教会東西分裂
1066	ノルマン朝のイギリス征服
1096	十字軍遠征始まる
1099	エルサレム王国樹立
1127	宋の滅亡、同年南宋成立
1140	ポルトガル王国の成立

- 桓武天皇 : 737~806년 제 50대 천왕
- 最澄 : 767~822년 일본 천태종을 전한 사람
- 空海 : 774~835년 平安초기의 승려로서 일본의 真言宗의 開祖
- 古今和歌集 : 최초의 和歌集20권으로 되어있다.
- 枕 草子 : 수필집. 전3권
- 清少納言 : 平安時代중기를 대표하는 女流文学者
- 源氏物語 : 이야기책
- 紫式部 : 973~1014년경 平安時代중기의 女流作家 겸 시인
- 藤 原道長 : 966~1027년 平安時代의 조정의 신하
- 平等院 鳳凰堂 : 平等院에 있는 阿弥陀堂
- 平 清盛 : 1118~1181년 平安말기의 장군
- 法然 : 1133~1212년 정토종의 창시자
- 争乱 : 다툼이 일어나다. 다툼

鎌倉時代(かまくらじだい)

年	日本史	年	世界史
1185	源義経、壇ノ浦の戦いで平氏を滅ぼす		
1191	栄西が臨済宗をひろめる		
1192	源頼朝、征夷大将軍となり、鎌倉幕府を成立		
1203	北条時政、執権になる		
1205	『新古今和歌集』(藤原定家)	1206	チンギスーハンの蒙古統一
1219	源氏の滅亡	1215	イギリス、ジョン国王がマグナ・カルタを配布
1224	親鸞が浄土真宗をひらく		
1252	日蓮が日蓮宗をひらく	1271	・フビライ・ハン、元を建国 ・マルコ・ポーロ、東方旅行に出発
1274	文永の役(第1回蒙古襲来)	1279	元の中国統一
1281	弘安の役(第2回蒙古襲来)	1302	フランス三部会の召集
1321	後醍醐天皇、親政を始める		
1330	『徒然草』(吉田兼好)		

· 源 義経(みなもとのよしつね) : 1159~1189년 平安(へいあん)末 · 鎌倉(かまくら)初期의 장군
· 壇ノ浦(だんのうら) : 山口県下関市(やまぐちけんしものせき)와 早(はや)とも瀬戸(せと)의 海岸(かいがん)일대의 지역 ·
· 栄西(えいさい) : 1141~1215년 鎌倉初期(かまくらしょき)의 선승(禅僧) 臨済宗(りんざいしゅう)의 창시자
· 臨済宗(りんざいしゅう) : 선종의 한파
· 源 頼朝(みなもとのよりとも) : 1147~1199년 鎌倉幕府(かまくらばくふ)초대 장군
· 征夷大将軍(せいいたいしょうぐん) : 파견된 원정군의 지휘관
· 北条時政(ほくじょうときまさ) : 1138~1215년 鎌倉幕府(かまくらばくふ)초대 집권
· 藤原定家(ふじわらのていか) : 1162~1241년 平安末期(へいあんまっき) · 鎌倉初期(かまくらしょき)의 시인, 시 학자
· 親鸞(しんらん) : 1173~1262년 鎌倉初期(かまくらしょき)의 승려, 争土真宗(じょうどしんしゅう)의 창시자
· 日蓮(にちれん) : 1222~1282년 鎌倉時代(かまくらじだい)의 승려, 日蓮宗(にちれんしゅう)의 창시자

· 文永弘安の役(ぶんえいこうあんのえき) : 元寇(げんこう)1274년과 81년두 번에 걸쳐 元軍(げんぐん)의 침공
· 後醍醐天皇(ごだいごてんのう) : 1288~1339년 제 9대 천왕
· 徒然草(つれづれぐさ) : 수필집 2권으로 되어있음 1330~31년경쓰임
· 吉田兼行(よしだけんこう) : 1288년경~1350년경鎌倉末期(かまくらまっき)로부터 南北朝(かんぼくちょう)초기의 시인, 수필작가

室町時代(むろまちじだい)

年	日本
1333	鎌倉幕府滅亡
1334	建武の新政が行われる
1336	南北朝の分立
1338	足利尊氏が征夷大将軍になる
1378	足利義満が幕府を室町に移す
1391	南北朝が合一
1397	足利義満が金閣寺を建てる
1404	明との勘合貿易を開始
1467	応仁の乱がはじまる
1483	足利義政が銀閣寺を建てる
1488	加賀に一向一揆がおこる
1543	ポルトガル船が種子島につき、鉄砲が伝わる
1549	ザビエル、キリスト教を伝える

年	世界
1338	英仏百年戦争始まる
1347	ヨーロッパでペストの大流行
1368	中国に明朝成立
1392	李氏朝鮮成立
1453	東ローマ帝国(ビザンツ帝国)の滅亡
1455	グーテンベルク、聖書を活字印刷
1479	スペイン王国の成立
1492	コロンブス新大陸到着
1517	ルターの宗教改革
1534	英国国教成立
1558	英国にエリザベス女王が即位

- 建武(けんむ) : 年号(1334.1.29~1336.2.29)元弘(げんこう)의 後
- 足利尊氏(あしかがたかうじ) : 1305~1358년 室町幕府(むろまちばくふ)의 초대 장군
- 足利義光(あしかがよしみつ) : 1358~1408년 室町幕府(むろまちばくふ)의 3대 장군
- 勘合貿易(かんごうぼうえき) 室町時代勘合(むろまちじだいかんごう) : (왜구와 私貿易을 방지하기 위하여 명나라 조정에서 室町幕府(むろまちばくふ)에 주어 정식 무역선의 증명으로 삼게 한 부절)을 가지고 행했던 합법적인 명무역
- 応仁の乱(おうにんのらん) : 1467년 応仁(おうにん)１년에서 11년간 계속된 内乱(ないらん)
- 加賀(かが) : 石川県(いしかわけん)의 남부에 해당
- 一向一揆(いっこういっき) : 室町・戦国時代, 北陸・近畿・東海등의 各地에서 일어난 宗教一揆

安土・桃山時代

1560	桶狭間の戦いで織田信長が今川義元を破る
1568	織田信長、入京
1573	室町幕府滅亡
1582	・本能寺の変で織田信長が自害 ・豊臣秀吉が明智光秀を倒す
1588	豊臣秀吉が刀狩令を発する
1590	豊臣秀吉、全国統一
1592	文禄の役
1597	慶長の役

1568	オランダ独立戦争の開始
1581	オランダ一立宣言
1588	イギリスがスペイン無敵艦隊を破る

- 桶狭間の戦い : 1560년 5월 尾張桶狭間(愛知県豊明市栄町)에서 織田信長가 上洛途上의 今川義元을 奇襲해서敗死시켰던 싸움
- 織田信長 : 1534~1582년 전국시대의 무장(武将)
- 豊臣秀吉 : 1536~1598년 安土桃山時代의 무장(武将)
- 明智光秀 : 1528~1582년 戦国安土桃山時代의 무장(武将)
- 刀狩令 : 무사이외에는 무기소유를 금하고, 몰수한다는 법령
- 文禄-慶長の役 : 1592년 4월 부산포상육을 근거로 개 시한 豊臣정권에 의한 朝鮮침략전쟁

江戸時代

1600	関ヶ原の戦い
1603	徳川家康が征夷大将軍となり、江戸幕府を開く
1612	禁教令が発せられる
1615	・大阪夏の陣で豊臣氏が滅ぶ ・武家諸法度の制定
1637	島原の乱がおこる
1639	オランダ以外の国の入国を禁止
1641	鎖国の完成

1600	イギリス東インド会社の設立
1603	イギリス、エリザベス女王国
1618	ドイツ三十年戦争勃発
1640	イギリス、ピューリタン革命
1644	清の中国支配開始

江戸時代

1688	元禄時代が始まる（－1704）
1689	『奥の細道』が松尾芭蕉によって書かれる
1716	・徳川吉宗が将軍となる ・享保の改革の開始
1732	享保の大飢饉
1783	天明の大飢饉
1787	・松平定信が老中筆頭となる ・寛政の改革の開始
1825	異国船打ち払い令が出る
1832	天保の大飢饉
1833	『東海道五十三次』が安藤広重によって描かれる
1837	大塩平八郎の乱
1841	水野忠邦が天保の改革を開始
1853	ペリーが浦賀に来航
1854	日米和親条約を結ぶ
1858	安政の大獄がおこる
1860	桜田門外の変で、大老・井伊直弼が暗殺される
1863	薩英戦争

1688	イギリス名誉誉革命
1689	イギリス、権利の章典の成立
1701	スペイン継承戦争
1740	オーストリア継承戦争
1756	英仏七年戦争の開始
1776	アメリカ独立宣言
1789	フランス革命勃発
1804	ナポレオン、皇帝となる
1814	・ナポレオン失脚 ・ウィーン会議
1821	ギリシアの独立宣言
1830	フランス七月革命
1840	英＝清アヘン戦争
1848	フランス二月革命
1851	太平天国の動乱
1861	・アメリカ南北戦争はじまる ・イタリア王国の成立

江戸時代

年	日本
1864	英仏米蘭の四国連合艦隊による下関砲撃
1866	薩長同盟成立
1867	徳川慶喜が大政奉還

年	世界
1867	北ドイツ連邦成立

- 関ヶ原の戦い : 1600년 9월 15일 関ヶ原에서 徳川家康 등의 東軍이 石田三成(いしだみつなり) 등의 西軍을 격파 한 싸움
- 禁教令 : 금교령
- 島原の乱 : 1637년부터 다음해에 걸쳐서 肥前島原・肥後島原에서 일어난 농민 궐기
- 元禄時代 : 江戸前期의 元禄년간을 중심으로 하는 시대
- 松尾芭蕉 : 1644~1694년 江戸전기의 시인 「奥の細道」시집
- 徳川吉宗 : 1684~1751년 江戸幕府８대 장군
- 享保 : 江戸時代의 년호(1716.6.22~1736.4.28)
- 松平定信 : 1758~1829년 江戸후기의 최고의 집정관(장군에 소속 4~5명으로 구성되어 있음)
- 寛政 : 년호 1789.1.25~1801.2.5
- 天保の飢饉 : 1833년부터 36년의 전국적인 대기근
- 安東広重 : =歌川広重로서 1797~1858년 江戸후기 화가
- 大塩平八郎 : 1793~1837년 江戸후기의 양명(陽明)학자(신유교 학설)
- 水野忠邦 : 1794~1851년 江戸후기의 최고의 집정관
- 井伊直弼 : 1815~1860년 江戸말기의 존경 받고 있는 최고의 집정관
- 薩英戦争 : 1863년 7월 생 보리사건 보복을 위하여 鹿児島湾에 공격해온 영국의 동양함대와 薩摩蕃과의 사이에 일어난 전쟁
- 薩長同盟 : 1866년 제 2차 長州 정벌을 앞에 두고 薩長양 蕃이 체결한 공수(攻守)동맹
- 徳川慶喜 : 1837~1867년 江戸幕府제15대 마지막 장군(1866~1867)
- 大政奉還 : 1867년 11월9일 정권을 조정으로 반환하여 다음날 조정이 그것을 허가한 일

明治時代

年	日本史
1868	明治維新・王政復古
	・五箇条の御誓文の発布
1869	東京遷都
1871	藩置県の実施
1872	・新橋－横浜間に汽車が開通
	・学制発布
	・太陰暦を廃して太陽暦を採用
1873	・徴兵令が発布される
	・キリストー信仰の解禁
	・野球の伝来
1877	・西南戦争がはじまる
	・東京大学が設立される
	・電話の伝来
1879	沖縄県ができる
1885	太政官制度を廃し、内閣制度を制定する
1889	大日本帝国憲法が発布される
1890	・第一回帝国議会
	・東京－横浜に電話が開通
1894	日清戦争はじまる
1902	日英同盟が終結される
1904	日露戦争はじまる
1905	夏目漱石『我輩は猫である』
1910	朝鮮併合条約が調印される

年	世界史
1869	アメリカ大陸横断鉄道の完成
1870	晋仏戦争はじまる
1871	ドイツ帝国の成立
1876	ベル、電話を発明する
1877	英領インド帝国が成立する
1896	アテネで第一回オリンピック開催
1900	中国､義和国の乱がおこる

明治時代

日本史		世界史	
1911	関税自主権を獲得	1911	中国、辛亥革命

- 明治維新 : 19世紀後半, 江戸幕藩体制을 붕괴시키고, 中央集権統一国家의 建設과 日本資本主義形成의 起点이되었던 政治的・社会的変革의 過程
- 廃藩置県 : 1871년 7월(明治４) 전국의 藩을 폐하고 府県을 두게 된 일
- 西南戦争 : 1977년(明治10) 西郷隆盛(1827~1877년 유신의 3명 영웅 중 한사람)을 중심으로 鹿児島토족들의 반란
- 夏目漱石 : 1867~1916년 소설가, 영문학자

大正時代

日本史		世界史	
1914	第一次世界大戦に参戦	1914	第一次世界大戦勃発
1915	芥川龍之介『羅生門』	1917	ロシア革命
		1918	ドイツ革命
		1920	国際連盟発足
		1921	ワシントン会議
1923	関東大震災	1922	ソビエト連邦成立
1924	メートル法の実施		
1925	・普通選挙法の公布 ・川端康成『伊豆の踊子』		

- 芥川竜之介 : 1892~1927년 소설가
- 羅生門 : 芥川竜之介소설 작품으로 1915년 에 발표
- 関東大震災 : 1923년(大正12)9월 1일 정오직전関東전역과 静岡県・山梨県의 일부를 엄습한 대지진에 의한 피해
- メートル法 : 메타(m)를 기본단위의 하나로 하여 십진법을 사용하는 국제적인 단위. 1795년 프랑스에서 동량형(度量衡)단위계로서 제정
- 川端康成 : 1899~1972년 소설가. 노벨문학상 수상(1968년 : 소설 雪国)

昭和時代

年	日本
1927	・金融恐慌 ・上野－浅草に地下鉄開通
1931	満州事変
1932	五・一五事件、犬養毅が狙撃される
1933	国際連盟から脱退する
1934	プロ野球が結成される
1936	二・二六事件
1937	・日中戦争はじまる ・日独伊防共協定が成立
1940	日独伊三国軍事同盟が成立
1941	太平洋戦争勃発
1942	ミッドウェー海戦

年	世界
1928	パリ不戦条約
1929	暗黒の木曜日、世界恐慌が始まる
1930	・ロンドン軍縮会議 ・インド、ガンジーが不服従運動を指導する
1932	・ドイツ、ナチスが政権を獲得 ・ドイツ、国際連盟および軍縮会議からの脱退を宣言
1933	ドイツ、ヒトラー首相就任
1934	ヒトラー、総統就任
1935	・ヒトラーが再軍備を宣言 ・イタリアのエチオピア侵略
1936	・スペインで内乱起こる ・イタリア、エチオピアを併合
1937	イタリアが国際連盟から脱退
1939	第二次世界大戦の勃発
1941	・独ソ戦開始 ・太平洋戦争はじまる
1943	イタリアが降伏
1944	連合軍ノルマンディー上陸

昭和時代

年	日本史
1945	・広島・長崎に原爆が投下される ・ポツダム宣言を受け、降伏する
1946	・天皇の神格否定宣言 ・日本国憲法の公布
1949	湯川秀樹がノーベル物理学賞を受賞
1952	ベニス映画祭で、『羅生門』グランプリを受賞
1953	テレビ放送開始
1956	日本、国際連合に参加
1964	・東京オリンピックが開催される ・東海道新幹線が開通

年	世界史
1945	・ドイツ、日本が降伏し、終戦 ・ポツダム宣言が発せられる ・国際連合が成立する
1948	イスラエル建国
1949	中華人民共和国成立
1950	朝鮮戦争はじまる
1957	ソ連が人口衛星の打ち上げに成功
1959	キューバ革命
1961	ベルリンの壁が作られる
1962	キューバ危機
1963	・核実験停止条約が結ばれる ・ケネディ米大統領が暗殺される
1965	米、北ベトナムに爆撃開始

昭和時代

年	日本
1968	学生運動が激化
1972	沖縄が日本に復帰
1975	ベトナム全土統一
1978	日中平和友好条約調印
1985	日航ジャンボ機墜落事故

年	世界
1967	EC発足
1969	アポロ11号月面着陸
1973	・第4次中東戦争 ・ベトナム戦争終結
1978	イラン革命
1980	イラン・イラク戦争はじまる
1986	米スペースシャトル「チャレンジャー」爆発

- 五・一五事件 : 1932년(昭和７)5월 15일 농촌의 궁핍, 정치의 부패에 화난 해군청년장교들이 민간愛郷塾(농본주의자인 橘 孝三郎가 1931년 茨城県水戸市에 창설한 사설학원)등의 右翼과 단합해 일으킨 수상저택・일본은행 등을 습격해 수상犬養毅가 살해된 사건
- 二・二六事件 : 육군 황도파 청년장교가 일으킨 쿠데타 사건(1936년 2월 26일)
- 日独伊防 共協定 : 1937년 공산주의에 대한 방위를 목적으로 로마에서 조인된 일본・독일・이탈리아 3국의 협정
- ミッドウェー海戦(Midway) : 1942년 6월5일 Midway(중부태평양, 하와이제도 북서쪽 2000㎞에 있는 산호초의 작은 섬) 근해에서 일어난 일・미양군에 의한 해상전쟁
- 湯川英樹 : 1907～1981년 이론물리학자, 1949년 일본인으로서 최초로 노벨 물리학상을 수상

平成時代

年	日本
1989	昭和天皇崩御
1990	天皇明仁、即位の礼
1992	PKO協力法成立
1994	関西国際空港開港
1995	阪神大震災

年	世界
1989	ベルリンの壁崩壊
1990	・東西ドイツ統一
1991	・湾岸戦争はじまる ・ソビエト連邦解体
1992	EU条約調印
1994	北朝鮮、金日成、没
1995	ベトナムがＡＳEANに加盟

平成時代

1998	長野冬季オリンピック開催

1997	・英領香港、中国に返還 ・英、ダイアナ妃、事故死
1998	第二次湾岸戦争

· PKO (Peace-Keeping Operations) 국제연합평화유지활동

· 阪神大震災 : 행정상의 명칭은「阪神 · 淡路大震災」1995년 1월 17일 발생한 兵庫県남부 지진에 의한 神戸市을 비롯하여 주로 兵庫県내의 阪神지구의 여러 도시 및 淡路북부 에 발생한 대지진

■ 平安時代

第2章 現代日本社会

第１節・日本の地域社会

第2章

第1節 日本の地域社会

■ 世界遺産白川郷の合掌造り集落

日本は、村落共同体を基礎に社会を構成してきた。村落共同体とは、家族と血縁関係を基礎とし、田畑や山で生きる小さな共同社会である。そして、それは農業生産活動と日常生活において、さまざまな共同関係をもって構成される「むら」(集落、部落)である。

むらは、自治的に①営まれていた。農民は、水田の水の管理や農作業を共同で営み、道路、水路、山を共同で管理し、さらに、葬式や結婚式までもすべてむらの中で自治的に営んできた。祭りやお盆の行事など②神事や③仏事も、むらの共同事業であった。こうした行事には、村人たちの娯楽としての民俗芸能が行われていた。むら人は相互に結婚することもあった。

このようにして、むら社会の中では、むら内部の秩序維持と対外的団結精神が④培われていった。むら人にとって、むらへの所属感は重要な価値であり、他のすべての価値に優先した。

このような集団主義の中では、少数意見が

---

① 営む : 영위하다, 경영하다.
② 神事 : 신을 모시는 일. 제사
③ 仏事 : 불교의식, 불사. 법회. 법사
④ 培う : 배양하다, 기르다.

尊重されることはなかった。違う意見を持ったものは、まず他のむら人から説得を受け、それが成功しないと①村八分となった。

むらの内部構造は、権威主義的な縦の人間関係、すなわち階級社会を基本としていた。

例えば、明治時代以後は、徴税と徴兵の役割を担い、また地主や②名望家の支配下にあった。そして、むらは集落内の③地主、④小作の階級的序列の下に⑤成り立っていた。

しかし、一方むらは、生産面での協力や贈答といったよこの関係にも支えられていた。

日本全体における集団の構造としては、縦型から横型に移行してきたといえる。

企業の場合には、第二次世界大戦前は縦型、第二次世界大戦後は横型であり、またそれと同様のことは、家庭内の人間関係についてもいえた。しかし、その変革は集団の内部にとどまった。日本人の集団所属意識が変化したわけではなかった。

前述のように、むら人にとっては所属感が重要な価値であるので、むらの内と外の境界は明確であり、外部の者はよそ者であった。むら人の行動様式は、むら内部の人間に対する場合とむらの外の人間に対する場合とはまったく違っていた。

むらに近い隣むらとは、⑥嫁取りにみられるような友好関係もあったが、一方で、⑦水利権や入会権の争いといった非友好的関係もあった。

むらから遠い空間へは、むら人は⑧出向くことはなく、そこから旅人が来るところであった。旅人はむら人と同等ではなく、むら人以上(カミ)か、以下(⑨乞食、泥棒、⑩遊女、芸人)であった。

日本の社会学者たちは、このような隣むら意識が日本全国にまで広がった状態を、近代の日本の姿と見ている。だから、日本人は、日本人と外国人を明確に区別する。外国人は、その国籍によって、日本人以上か日本人以下かが決まるというわけである。しかし、自国人と外国人を区別するのは、日本に

---

① 村八分 :「村八分にされる 따돌림을 당하다.」
② 名望 : 명망. 인망이 높고 세상의 평판이 좋음
③ 地主 : 땅주인
④ 小作 : 소작
⑤ 成立つ : 성립되다.
⑥ 嫁取り : 장가듦, 아내를 맞음 또 그 혼례
⑦ 水利権 : 수리권
⑧ 出向く : 떠나다.
⑨ 乞食 : 거지, 비렁뱅이
⑩ 遊女 : 화류계 여자

限ったことではないので、このことをもって日本の特徴ということはできない。

高度成長期になると、都市化が進んで、兼業農家が増えたり、非農家が増えたりして、住民の利害に対立が見られるようになった。

それは、むらの生産と生活の共同作業を困難にするものであった。特に、農業用①排水路の②補修など農業生産にかかわる作業については、共同化が難しくなった。また、宅地化が進んで、用水③汚染や④畜産公害などの新たな問題も、農家と非農家を対立させる要因となった。

このようにして、現在ではむらが崩壊して、住民の連帯意識が失われ、集落機能や共同活動が⑤停滞してきている。そのため、日本人の集団主義もかつてに比べるとかなり薄まってきており、徐々に欧米の個人主義的要素も広まってきているといえよう。

■ 日本の結婚

---

① 排水路 : 배수로
② 補修 : 보수
③ 汚染 : 오염
④ 畜産公害 : 축산공해
⑤ 停滞 : 정체

第2章　現代日本社会

第２節　日本の都市社会

第２節 日本の都市社会

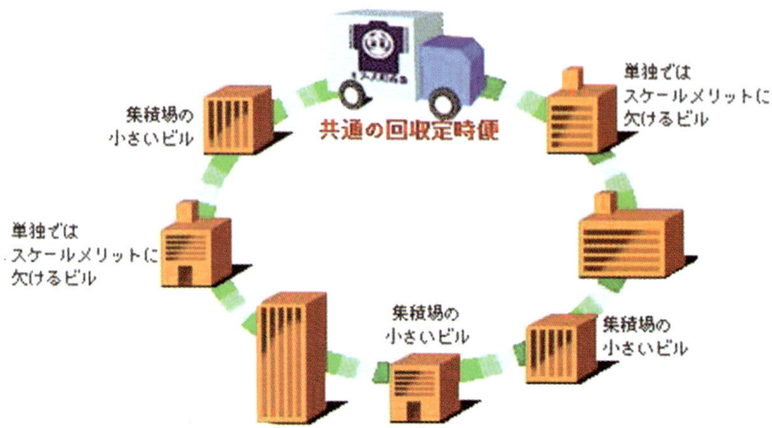

オフィス町内会の共同回収イメージ

オフィス町内会は、古紙リサイクルに関するノウハウ・システムの共有によって、古紙の分別回収をスムーズに行う。

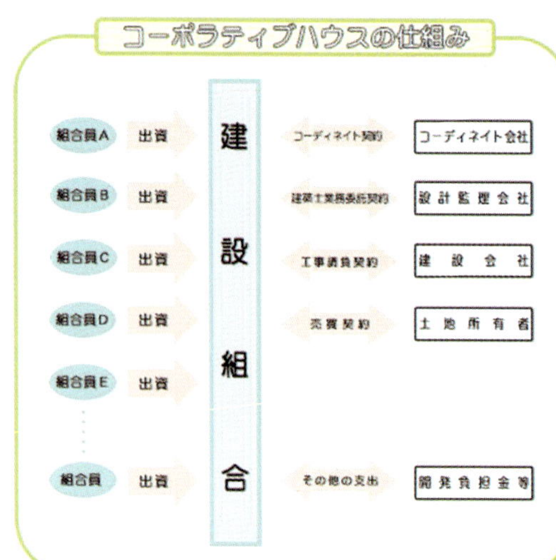

高度成長時代以前の日本の都市社会には、農村の「むら意識」のような共同体意識があった。東京の場合では、特に①下町でそれが②顕著であった。しかし、高度成長期になると、急激に都市化が進み、農村から都市に人が押し寄せた。都市が③膨張してくると、居住地は郊外へと広がっていき、郊外は新住民で占められ、そのような地域では共同体意識は④希薄となった。

東京の都心に近い⑤神田、日本橋、上野、浅草などの下町の商店街では人口の⑥空洞化が進み、従来の人情あふれる下町の人間関係は崩れて行った。⑦墨田区や江東区などの下町の工業地帯では、かなりの工場が⑧北関東などに移転し、その⑨跡地は高層団地や倉庫となり、ここでも下町独特のコミュニティは崩壊して行った。下町の商店街や工業地帯のかなりの住民は、その周辺の区、例えば足立区や⑩江戸川区といった周辺の区へ移り住んだ。それらの区は、現在でこそ下町の一部とされているが、実際は新興住宅街であり、かつての下町の人情に触れることは⑪稀である。

このように、都市の膨張によって職場と居住地が切り離され、居住地はただの⑫ねぐらと化し、「隣は何をする人ぞ」という関係になってしまった。そのような居住地での人間関係の希薄さをカバーするのが、職場での人間関係となった。しかし、１９９０年代の日本経済の低迷、そして企業業績の悪化により、

---

① 下町 : 都会에서 海나 川에 근접한 낮은 지대에 있는 마을로 주로 도회지의 상공업 지구를 가리킨다. ↔山の手
② 顕著 : 현저
③ 膨張 : 팽창
④ 希薄 : 희박
⑤ 神田・日本橋・上野・浅草 : 지명
⑥ 空洞化 : 공동화
⑦ 墨田区・江東区 : 지명
⑧ 北関東 : 지명이름
⑨ 跡地 : 건물을 철거하고 난 토지
⑩ 江戸川区 : 지역 이름
⑪ 稀である : 드묾 일이다.
⑫ ねぐら : 침실

従来の終身雇用制、年功序列制に代表されるような企業内の集団主義的な人間関係は崩壊しつつある。現在では、労働者はリストラ・失業の①恐怖に脅え、同僚・上司・経営者との人間関係も②ぎすぎすしたものとなってきた。

以上のように、居住地でも職場でも情のある人間関係を築けなくなった都市住民たちは、再び居住地において、新たなコミュニティを作ろうと模索している。

都市におけるコミュニティの代表としては、町内会が挙げられる。町内会は、東京では関東大震災をきっかけに、横浜や神戸では伝染病の脅威に対処するため、急激に組織化された。戦時中は政府の命令で、市町村の下部機関として、町内会が置かれた。戦後は法制上の根拠はなくなったが、戦時中のものがほとんどそのまま残って、現在に至っている。

町内会は、日本全国のほとんどを③網羅的に埋め尽くしており、住民の約９割が入会している。 その活動は、広報の配布、国勢調査員の推薦、集会所の維持・管理、広報活動、美化・清掃活動、④防犯灯の設置・管理、防災・防火・防犯活動、募金、祭り、盆踊り、青年会、婦人会、運動会、旅行など⑤多岐にわたっている。町内会には、その土地に居住すれば、世帯単位で、半強制的に加入させられるので、主体的に参加しようという意識が低い者も多い。今日においても町内会活動が活発であるのは、地方都市か、大都市でも下町である。

新しい団地などを中心に、自治会と呼ばれる組織が数多く生まれた。これらの組織は、民主的な選挙によって役員を選び、域内の施設を共同管理している。しかし、ただ単に名前が自治会と変わったに過ぎない団体もある。

大阪では、⑥コーポラティブハウスというものも生まれている。何人かの住民が共同して土地を購入し、住宅計画を行い、建設し、入居後も自分たちで管理・運営を行うものである。

---

① 恐怖 : 공포
② ぎすぎす : 애교가 없고 상냥하지 못한 모양, 딱딱하게
③ 網羅的 : 망라적
④ 防犯灯 : 방범등
⑤ 多岐 : 여러 가래로 갈라져 복잡함
⑥ コーポラティブハウス (和 cooperative＋house) : 集合住宅. 협동조합주택

第2章 現代日本社会

第３節 日本の会社

① バブル期以前

② バブル期以後

③ 日本企業で働く

第３節 日本の会社

① バブル期以前

日本の会社の経営の特徴としては、①終身雇用制、②年功序列制、共同体的性格の３点を挙げることができる。

終身雇用制とは、高校や大学の新規卒業者を、一度採用したならば、よほどのことがない限り定年まで③雇う制度である。定年は、平均寿命の延びとともに延長される傾向にあるが、現在では６０歳が一般的である。しかし、年金の支給開始年齢は一般的に６５歳であるので、約５年間の④ブランクが生じる計算になる。だが、大企業の場合は、子会社などの系列会社を数多く抱えているので、社員は、定年退職した後も、それらの会社に出向という形で残ることができる。また、企業の方も、定年退職後の社員の雇用の確保のため、進んで子会社を設立する傾向にある。

そのため、高校や大学の新規卒業者たちにとって、最終学年の就職活動は、一生を左右する人生の最大イベントである。普段は⑤ラフな格好をしていた学生たちも、就職活動の時期になると、スーツを着て、髪を整えて、会社訪問に⑥臨む。

企業にとっても、人を採用するというのは大変なことである。なにしろ、一度採用したら、その人の一生の面倒を見なければならないのである。だから、企業は、少しでも有能な人材を確保しようと、早い時期に内定を出そうとする。したがって、就職活動の時期は徐々に早まる傾向にある。

年功序列制とは、役職や賃金が年齢に応じて上がっていくシステムである。日本の企業における一般的なポストの昇進は、平社員、主任、係長、課長、次長、部長、重役、社長の順となっている。例えば、入社後５年で主任に昇進し、１０年で係長、１５年で課長といったように、人並みの仕事をこなせば、勤続年数に応じて自然に昇進していく。

順調に行けば、部長ぐらいまで行って定年を迎えるかもしれない。そして、さらに子

---

① 終身雇用制 : 종신고용제

② 年功序列制 : 연공서열제

③ 雇う : 고용하다.

④ ブランク : 공백, 여백, 공백기

⑤ ラフ(rough) : 조잡, 거칠다.

⑥ 臨む : 임하다.

会社に重役として出向し、その後は年金をもらって①悠々自適の老後が保障されるであろう。

仮に出世街道を外れたとしても、調査役、監査役、相談役といったような名ばかりのポストを与えられ、出社しても何も仕事がないにもかかわらず、席だけは日のよくあたる窓際に与えられ、一日中本を読んで暇をつぶしては退社するという毎日を過ごす。世間は、彼らを②「窓際族」と呼んでいる。彼らは、もし社内にいられなくなったとしても、子会社に出向するという道が残されている。いずれにしても、一生の生活は保障されているのである。

以上述べたことは、特に大企業に③当てはまる。大企業は、出向先としての④受け皿となる子会社をたくさん持っている。したがって、大企業に一度就職してしまえば、よほどのことがない限り、一生の生活は保障される。

そこで、大企業への就職が有利な一流の大学に入ろうと、受験戦争が⑤過熱するのである。

日本の企業の共同体的性格としては、経営者と従業員は一体の人間集団であり、その連帯を維持するために人間関係を尊重すること、企業の⑥繁栄と成長のために、全構成員が協力して革新と成長の努力を継続することなどが挙げられる。したがって、新入社員は、入社するとまず、厳しい研修の中で、愛社精神が徹底的に⑦植えつけられる。こうして、企業のために生きる人間が次々とできあがっていく。日本人は親に甘やかされた少年期を送っているので、入社して初めて⑧鍛えられるといっていいであろう。

しかし、このような企業のやり方を⑨覚めた目で見つめる社員もいる。彼らは、自分の能力をさらに生かすために、早期に退職し、より条件のいい企業に転職するか、⑩がんじがらめの会社組織に縛られることを嫌い、自分で事業を起こしたりする。したがって、優秀な社員ほど早く退職していく。

仕事のできない社員ほど、いつまでも会社という組織に⑪しがみつこうとする。まして、就職した企業が一流の大企業なら、なおさらのことである。彼らは、会社では仮に窓際族であっても、会社の外、すなわち世間では、一流企業の社員ということでちやほやされるからである。

---

① 悠々自適 : 유유자적
② 窓際族 : 第一線으로부터 제외된 중장년 직장인
③ 当てはまる : 적합하다, 꼭 들어맞다.
④ 受け皿 : 받아들이는 곳
⑤ 過熱 : 과열
⑥ 繁栄 : 번영
⑦ 植え付ける : 이식하다, 불어넣다.
⑧ 鍛える : 단련하다, 맹렬히 훈련하다, 불리다.
⑨ 覚める : 「覚めた目で 차분한 눈으로」
⑩ 雁字搦め : 칭칭 얽어 맴, 굴레
⑪ しがみつく : 달라붙다, 매달리다.

② バブル期以後

ところが、バブル期以後、前述のような日本の伝統的な制度は崩れつつある。 長引く不況による業績の悪化から、企業はもはや終身雇用制と年功序列制を維持するのが難しくなってきているのである。

日本の企業では、直接営業などの実務に①携わるのは係長までで、課長以上の管理職になると、直接実務に当たることは少ない。

さらに、管理職には人件費がかかる。したがって、現在の企業には、管理職をたくさん抱え込む余裕などない。 当然のことながら、窓際族を②養う余裕もない。 彼らを子会社に出向させるにしても、業績の上がらない子会社をいつまでもかこっておく余裕もない。

そこで、課長などの中間管理職や窓際族は、真っ先にリストラや希望退職の対象とされる。

彼らにとってさらに悪いことは、課長になると労働組合を離れなければならないことである。 だから、企業は労働組合という③後ろ盾のない彼らを解雇しやすい。 また、仕事のできない社員を、わざと早く課長に昇進させて④解雇するという⑤陰険な手法も用いられる。

このような事情から、管理職を経験する年齢、すなわち中高年を中心に、現在の日本の⑥失業率は5パーセントを超えることとなった。 しかし、 企業の求人は若年層が中心で、採用する側と求職する側のミスマッチが見られる。

近年、企業は、直接稼がない管理職のみならず、直接実務に当たる係長以下の社員もリストラや希望退職の対象に⑦しつつある。正社員より人件費の安くて済むアルバイト、パート、人材派遣会社からの派遣社員に換えていこうというわけである。

新規採用も⑧手控えられるようになった。

現在の企業には、新しい人材を⑨発掘して育成する余裕などなくなってしまったからである。 そのため、高校や大学の卒業予定者たちは危機感を⑩募らせ、就職活動の時期はますます早期化の傾向を呈している。

---

① 携わる : 종사하다, 관계하다.
② 養う : 배양하다, 기르다, 부양하다.
③ 後ろ盾 : 후원, 후원자 =後ろ見
④ 解雇 : 해고
⑤ 陰険 : 음험「陰険な手法 음험한 수법」
⑥ 失業率 : 실업률 c.f 実業
⑦ 連用形 +つつある ~하고있다. =ている
⑧ 手控かえる : 적어두다, 예비로 남겨두다, 삼가다, 유보하다.
⑨ 発掘する : 발굴하다.
⑩ 募る : 모집하다, 점점심해지다.

大学生の場合は、3年生の学年末試験の終了と同時に、就職活動を開始しなければならない有様である。このため、早々に就職をあきらめ、自らフリーターの道を選ぶ学生が急増している。

現在の企業は、新規採用者を育成するよりも、即戦力となる人材を求めるようになっている。そのため、中途採用者の割合が徐々に大きくなってきている。そのことも、年功序列制の崩壊を助長し、日本の労働市場はますます流動性を増してきているといえよう。

③ 日本企業で働く

ここでは、①零細企業を除く、ある一定規模以上の企業に勤める事務職を例にとって述べてみたい。

新入社員は、入社するとまず一定期間の研修を受ける。この時期は、社会の一通りの業務内容を覚えるという意味で、事務職であっても、業種によっては、作業服を着て現場に出向くことも②しばしばである。学生時代に③夜型の生活を送っていた者にとっては、この時期は辛いはずである。

研修期間を終えて、部署に④配属されると、主任や係長クラスの下について、実務経験をつむこととなる。文系出身者の場合は、営業にまわされることが多く、そこでおおむね3年たてば、一人前とみなされるようである。

そして、やがて主任、係長へと、よほどのことがない限り順調に出世し、現場で実務を⑤取り仕切り、残業も⑥バリバリとこなす。有給休暇も⑦目いっぱいは取らない。

課長以上の管理職になると、実務から離れ、

---

① 零細 : 영세

② しばしば : 종종, 가끔

③ 夜型 : 야행성

④ 配属 : 배속

⑤ 取り仕切る : 혼자서 맡아하다, 책임지고 관리하다.

⑥ バリバリ : 일을 척척 해 나가는 모양, 물건을 찢거나 벗기거나 할 때 나는 소리, 단단한 물건을 깨무는 소리

⑦ 目一杯 : 할 수 있는 한 다함, 힘껏

机にじっと座っている時間が長くなる。管理職が出て行くのは、部下が仕事上で何かトラブルを起こした場合などである。

しかし、日本の企業の管理職の多くは、マネージメント能力がないにもかかわらず、ただ年功序列で上がってきたので、部下が何か問題を抱えても、自らの体をはって出て行くことができない。バブル期以後、企業はそのような管理職を置いておく余裕などなくなってしまったので、彼らは真っ先にリストラの対象となる。

■ 東京駅

一般的な勤務時間は、9時に出社して5時か6時に退社するという①パターンである。

したがって、特に東京では、朝の8時台の電車は常に満員である。東京では、通勤時間に2時間もかける者もいる。近年はフレックスタイム制を採用する会社が増えたせいか、出社時間は遅くなる傾向にある。だから、電車のラッシュ時間も9時を過ぎてもだらだらと続く。

社内では、机を②向き合って仕事をする。そのため、仕事中の私語のとても多いのが、日本の特徴である。これが仕事の効率にどのような影響を及ぼしているのかは、一概には言えない。欧米人からは、私語は仕事の効率を悪くしているという指摘を受ける。

一方、私語は、仕事上のコミュニケーションをとる上で重要との見方もある。

昼休みは12時から1時までである。昼食は、大企業の場合は社員食堂があるので、

---

① パターン(pattern) : 틀. 모형. 도안. 유형

② 向き合う : 서로 마주보다.

そこでとるか、社員食堂がない場合は、近くのレストランに行って食事をするか、あるいは仕出し弁当を取ったり、コンビニエンスストアで弁当を買ってきて、自分の席で食べるかである。愛妻弁当を持って来たり、自分で弁当を作ってくる者は少ない。

退社時間は５時か６時が一般的であるが、日本の社員の特徴として、付き合い残業というものがある。それは、自分の仕事が終わっても、同僚の仕事を手伝ったりして、付き合って残業するというものである。これも、効率のいいものとはいえない。大企業の場合では、一人当たりの月の残業時間が１００時間を超える場合もある。そこで、バブル期以後、企業は人件費の①削減のため、残業手当をカットする傾向にある。したがって、付き合い残業は減ってきている。

一般的に、大企業ほど仕事の量が多いので、残業が多い。しかし、近年の企業業績の悪化による人件費削減のため、企業は極力残業を減らす傾向にあるし、また仕事の量自体も減ってきているので、残業は確実に減っている。だが、人を減らしたため、逆に残業が増えるケースもある。

退社後は、②往々にして夜の付き合いが待っている。営業職の場合は、取引先との接待も③頻繁である。それ以外の職種であっても、同僚や上司と一緒に一杯飲みに行く機会は多い。だから、日本の会社組織の中では、酒

---

① 削減 : 삭감
② 往々にして : 왕왕, 때때로
③ 頻繁 : 빈번

の飲めないことはマイナスの要因となる。

このように、退社後の時間も、プライベートとはならずに、仕事の延長となることが多いのが、日本の社員の特徴である。

例えば、東京の①丸の内、大手町の社員の場合は、高級な所では銀座、庶民的な所では②新橋や③神田駅周辺などで一杯やった後、終電に間に合わなければ、新橋(しんばし)や上野(うえの)のビジネスホテルかサウナに泊まり、そこから翌朝出社する。 外泊することによって、たまには家庭の④喧騒から解放されるのも楽しいものである。

女子社員は、退社後食事やショッピングを楽しむ。 主婦の場合は、夕飯のおかずを買ってから家に帰る。 近年はデパートやスーパーの営業時間が延長され、またコンビニエンスストアもあるので、比較的落ち着いて買い物ができる。

こうして、電車の夕方のラッシュは、5時から終電(しゅうでん)までだらだらと続くのである。

---

① 丸(まる)の内(うち)・大手町(おおてまち) : 東京都(とうきょうと) 千代田区(ちよだく)의 지명
② 新橋(しんばし) : 지명
③ 神田(かんだ) : 지명
④ 喧騒(けんそう) : 떠들썩함

第2章 現代日本社会

第4節 日本の政治

① 現代の日本の政治

② 明治維新

③ 戦後政治と長期保守党政権

第4節 日本の政治

■ 衆議院議場

① 現代の日本の政治

第二次世界大戦後、まだ日本がアメリカ軍に占領(せんりょう)されていた1946年、日本国憲法が、それまでの大日本帝国憲法を改正(かいせい)する形で公布(こうふ)され、翌年施行された。

この憲法は、基本的人権の尊重、国民主権、平和主義の三大原則を①謳った世界で初めての憲法である。しかし、平和主義を謳った第9条は、憲法学者の間では、自衛(じえい)戦争を含むいかなる戦争も軍隊(ぐんたい)の保持(ほじ)も禁(きん)じているというのが定説になっているにもかかわらず、与党の自由民主党は、徐々 にその解釈(かいしゃく)を②歪めている。自由民主党は、第9条は自衛戦争を認めており、自衛隊は③合憲であるとしている。 これに対する野党、特に社会党は、従来(じゅうらい)から自衛隊は違憲(いけん)とし、日本の④非武装中立論を展開(てんかい)してきたが、現実離れと

内閣

内閣官房 / 内閣法制局 / 人事院 / 内閣府 / 国家公安委員会 / 防衛省 / 総務省 / 法務省 / 外務省 / 財務省 / 文部科学省 / 厚生労働省 / 農林水産省 / 経済産業省 / 国土交通省 / 環境省 / 会計検査院 / 国会 / 最高裁判所 / 日本銀行 / 地方公共団体 / 電子政府の総合窓口

首相官邸 / 人事院 / 金融庁 / 内閣法制局 / 警察庁 / 防衛庁 / 消防庁 / 国税庁 / 文化庁 / 社会保険庁 / 林野庁 / 水産庁 / 資源エネルギー庁 / 特許庁 / 中小企業庁 / 気象庁 / 海上保安庁 / 海難審判庁 / 衆議院 / 参議院 / 裁判官弾劾裁判所 / 裁判官訴追委員会 / 国立国会図書館

---

① 謳(うた)う : 주장하다, 명시되다.

② 歪(ひず)む : 삐뚤어지다, 뒤틀리다.　歪(ゆが)める : 삐뚤어지게 하다, 뒤틀리게 하다.

③ 合憲(ごうけん) : 합헌 ↔違憲(いけん)위헌

④ 非武装(ひぶそう) : 비무장

という①世論に押され、また政権欲しさから、自衛隊を容認するに②至った。これによって、社会党は支持者の信頼を失い、消滅するに至った。社会党の③消滅により、④護憲を訴える勢力は大幅に力を失うところとなった。

今では、野党内でも、自衛隊を容認する勢力が大きなウェイトを占めるようになった。それでは、憲法を改正して、自衛戦争と自衛隊を認めればいいかというと、歴代の内閣は、憲法改正について正面から議論することを避け、問題を常に⑤先送りしている。これは内閣だけの責任ではなく、日本人の国民性にも由来する。日本人は、大きな問題に正面から取り組むことを⑥嫌うのである。したがって、今後も、⑦なし崩し的に第９条の解釈がゆがめられていく危険性は、十分に考えられるのである。

しかし、憲法論議は、日本国内の論議だけではどうにもならない面がある。⑧そもそも、日本国憲法は米国に押し付けられてできたという⑨経緯がある。日本に戦争を⑩放棄させたのも米国なら、その後日本に同盟国としてそれ相応の防衛の役割分担を求めているのも、また米国なのである。つまり、憲法論議は、米国の対日政策⑪次第なのである。

現状では、日本は米国に何も言えない弱い立場なのである。

日本国憲法によって、司法、立法、行政の三権の分立は保障されている。

司法機関は裁判所で、最高裁判所、高等裁判所、地方裁判所、簡易裁判所、家庭裁判所がある。日本の裁判は、非常に時間がかかるのが欠点である。金も労力も非常にかかるので、途中で和解するというケースが多い。

このように裁判に時間がかかる要因として、欧米に比べて弁護士の数が少ないことがあげられる。弁護士一人あたりの人口ということでは、日本は7,476人、アメリカは297人である。弁護士の総数の比較では、アメリカは日本の２５倍、イギリスは１１倍、ドイツは約８倍、フランスは約４倍となっている。日本は米国のような⑫訴訟社会では

---

① 世論に押される : 여론에 밀리다.
② ～に至る : ～에 이르다.
③ 消滅 : 소멸
④ 護憲 : 입헌정치나 헌법을 옹호하는 것
⑤ 先送り : 보류
⑥ 嫌う : 싫어하다.
⑦ なし崩し的 : 일을 조금씩 해나감
⑧ そもそも : 도대체, 원래, 처음
⑨ 経緯 : 경위, 복잡한 사정
⑩ 放棄する : 포기하다.
⑪ 名詞＋次第だ : ～에 달려있다. ＝による
⑫ 訴訟 : 소송

ないので、米国ほど弁護士の数は必要ないとは言え、国際標準に比べるとあまりにも少ないので、せめて弁護士の数をフランス並みにしようという動きがある。また、地方と東京では弁護士の数に①偏りがあり、その②是正も課題である。

③立法機関は国会で、④衆議院と⑤参議院からなる。両院の議員は国民の選挙によって選ばれ、任期は衆議院が４年、参議院が６年である。選挙権は２０歳以上のすべての国民に与えられている。国会議員に⑥立候補できるのは、衆議院は２５歳以上、参議院は３０歳以上である。選挙は、衆議院は４年に１回行われる。しかし、国民の信を問う必要があれば、４年経たなくても衆議院を解散して選挙を行う。今までの例では、ほとんど、任期満了を待たずして、解散・総選挙を行っている。参議院選挙は３年に１回行われる。参議院議員の任期は、先に述べたように６年なので、３年ごとに議員の半数が改選されることになる。

行政機関は内閣が当たっている。日本の内閣は、従来の１府２２省庁から、２００１年１月に1府１２省に再編された。この再編は、「明治維新」「戦後改革」に続く「第３の改革」と位置づけられている。再編の⑦目玉は、内閣府の新設である。内閣府は、従来の総理府、経済企画庁、沖縄開発庁を統合し、他の１２省より高く位置づけられている。

内閣府には、経済運営や予算編成の方針を策定する経済財政諮問会議が置かれている。

これによって、内閣の機能が強化され、首相の政策遂行における権限が強化された。この他に、統合されて新しく誕生した省は、運輸、建設、国土、北海道開発の３省庁が合体した国土交通省、自治、総務、郵政の３省庁を合体した総務省、厚生、労働両省が合体した厚生労働省がある。一方、分離した省としては大蔵省がある。大蔵省の中でも金融行政は金融庁として分離され、大蔵省自身も財務省と名称が変更された。従来とあまり変わらないのは、法務、外務、農水の３省である。

---

① 偏り(かたよ) : 편향, 치우침
② 是正(ぜせい) : 시정
③ 立法(りっぽう) : 입법
④ 衆議院(しゅうぎいん) : 중의원
⑤ 参議院(さんぎいん) : 참의원
⑥ 立候補(りっこうほ) : 입후보
⑦ 目玉(めだま) : 관심을 끄는 것, 중심이 되는 것, 중심

この再編によって首相の権限が強化されたといっても、日本は実質的に、官僚が政治を動かしている①「官僚社会」であることに変わりはない。日本の国会議員には、行政に関する専門的知識が②欠如しているからである。

したがって、必然的に日本の大臣は官僚に頼ることとなる。官僚の側も、その方が自分たちの③裁量を振るえるので都合がいい。つまり、「官僚政治」というのは、大臣と官僚がお互いにもたれあうという、双方にとって大変に都合のいいシステムなのである。だから、大臣は、国会での答弁に際しては、たいていの場合は官僚の用意した原稿の④棒読みである。ごく稀に、大臣が自分の独自色を出そうとすると、官僚の猛烈な抵抗にあうこととなる。官僚とうまく付き合うことこそが、大臣の職務をしっかりとまっとうする秘訣なのかもしれない。

■ 議事堂衆議院側

---

① 官僚 社会 : 관료사회

② 欠如 : 결여

③ 裁量 : 재량「裁量を振える 재량을 발휘하다」

④ 棒読み : 단조롭게 내리읽음(구두점, 억양을 무시하고), 한문을 음독으로만 내리읽음

② 明治維新

明治政府は、１８６８年３月に①五箇条のご誓文を公布し、天皇親政を強調した。次いで、同年４月には、政体書を制定して、国家権力を太政官という中央政府に集め、アメリカ合衆国憲法を模倣した②三権分立制を取り入れ、③高級官吏を４年ごとに互選で交代させた。

一方、④五榜の掲示を掲げ、儒教的道徳を説いた。１８７１年、藩を廃止して県を置き、中央集権化を図った。中央政府の組織の集権化も進め、⑤太政官を⑥正院、⑦左院、⑧右院の３院制とし、その下に各省を置いた。軍事力の強化も進め、番兵を解散して、⑨兵権を兵部省に収めた。そして、１８７２年徴兵令を公布した。他方、１８７３年徴務省を設けて、警察事務に当たらせ、１８７４年には警視庁を設けた。

士農工商の身分制度は廃止され、四民平等の世の中となった。土地制度の改革も行われ、⑩地租を近代化して、財源の安定化に努めた。また、政府は富国強兵を目指して⑪殖産興業に力を注ぎ、近代産業の育成を図った。

１８７０年には工部省を設け、金属鉱山や石炭鉱山を官営とし、東京と大阪の⑫砲兵工廠や長崎と横須賀の造船所を拡充した。

内務省は官営模範工場を通じて、民間の機械生産を促した。

１８８２年には、中央銀行としての日本銀行が設立され、１８８５年から日本銀行は⑬銀兌換の銀行券を発行し、銀本位の貨幣制度が整った。また、同年、政府は⑭伊藤博文らをヨーロッパに派遣して、憲法調査に当たらせた。１８８５年には太政官制を廃止して、内閣制度を創設し、初代総理大臣に伊藤博文が任命された。これにより、総理大臣の下に各省の長官が大臣として内閣を構成することとなった。１８８８年には市制・町村制が、１８９０年には県制・郡制が公布され、地方自治制が確立した。

１８８９年には、大日本帝国憲法が発布された。この憲法は⑮欽定憲法で、天皇と行

① 五箇条の御誓文：慶応四年(1868)3月14日、明治天皇이 神에게 맹세하는 형태로 公布한 維新政府의 基本姿勢
② 三権分立制：삼권분립제
③ 高級官吏：고급관리
④ 五榜の掲示：明治維新政府에 의한 庶民政策을 제시하는 五条의 太政官高札

⑤ 太政官：明治政府初期의 最高官庁
⑥ 正院：1871年(明治4)의 官制改革으로 설립된 太政官의 最高官庁
⑦ 左院：1871年(明治4), 太政官内에 마련된 立法上의 諮問機関
⑧ 右院：1871年(明治4), 太政官内에 마련된 諮問機関
⑨ 兵権：「兵権を執る」병권
⑩ 地租：토지에 관한 세금
⑪ 殖産興業：치산흥업 政府의 官営模範工場이나 直営事業場中心의 近代産業育成政策.富国強兵으로서 위로부터의 資本主義化를 推進
⑫ 砲兵工廠：포병공창
⑬ 銀兌換：은으로 바꿈
⑭ 伊藤博文：(1841~1909) 政治家. 長州의 人. 1905年(明治38)初代韓国統監
⑮ 欽定憲法：흠정헌법

政府の権限が極めて強いものであったが、それでも国民に国政に参加する道が開かれ、司法権(しほうけん)も行政権(ぎょうせいけん)から独立(とくりつ)して、一応は三権分立の体制(たいせい)が整った。

こうして日本は、アジアで初めての近代的(きんだいてき)立憲国家(りっけんこっか)となった。

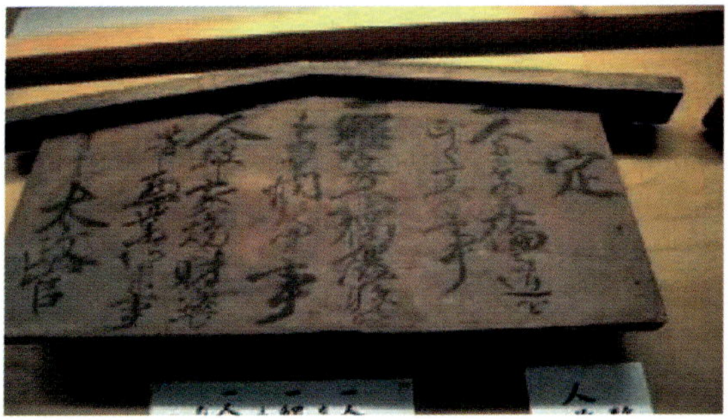

③ 戦後政治と長期保守党政権

日本では、1945年以来、ほぼ一貫(いっかん)して保守系政党が政治の運営(うんえい)に当たってきた。

1945年の戦争直後(ちょくご)の混乱期(こんらんき)に、続々(ぞくぞく)と政党が結成(けっせい)され、それらのうちで日本自由党、進歩党、日本協同党の保守系3党と日本社会党、日本共産党の革新系2党が有力であった。

しかし、これらの政党も当初は基盤が弱かったため、①離合集散を繰り返した。

また、同年には婦人参政権(ふじんさんせいけん)を認めた新選挙法が制定(せいてい)された。

■中央官制表

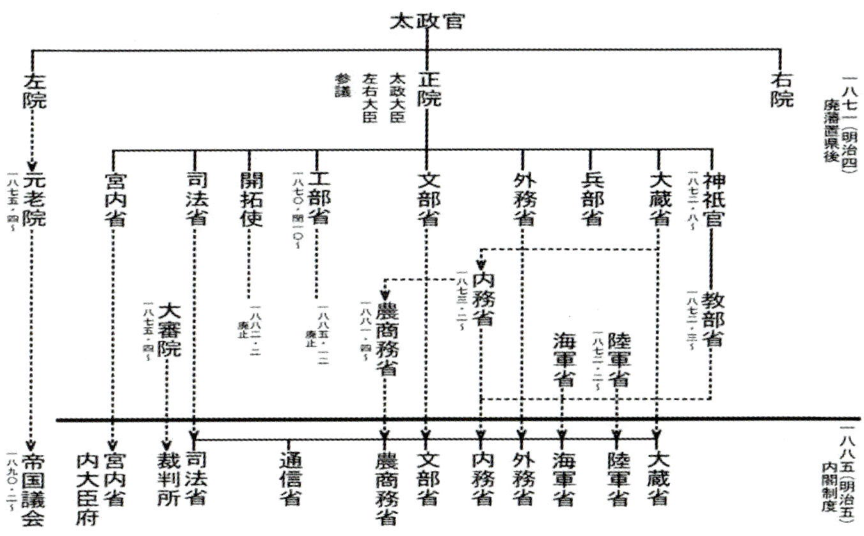

① 離合(りごう) 集散(しゅうさん) : 이합집산

翌１９４６年の選挙で第一党となった日本自由党は、日本進歩党の協力によって、①吉田茂内閣を成立させ、ここに政党内閣制が確立した。

１９４７年の選挙では、日本社会党が第一党となり、政権を②握ったが、１年も持たなかった。

その後の内閣はいずれも短命で終わった。１９４９年の総選挙では、民主自由党が絶対多数の議席を獲得し、第２次吉田茂内閣が誕生した。それ以後、現在に至るまで保守政権が続いている。したがって、日本の政治は戦後ほぼ安定を③保っているといってよい。

１９５１年、サンフランシスコ平和条約が調印され、日本の独立が回復された。

また、同日、日米安全保障条約も④調印された。以後、吉田内閣は経済復興に力を注ぎ、また自衛力増強も課題とした。それ以降、保守政党の側からは憲法改正と再軍備が主張された。

そして、１９５４年には自衛隊が⑤発足し、防衛庁が新設された。

このような一連の流れの中で、吉田首相に反発する勢力が増え、彼らを中心に日本民主党が結成された。１９５４年に吉田内閣が総辞職すると、日本民主党総裁の⑥鳩山一郎による内閣が誕生した。１９５６年、日ソ共同宣言が調印され、同年には国際連合への加盟も認められた。

１９５５年になると、右派と左派に分裂していた社会党の統一がなり、これに危機感を持った保守系政党が対抗して、自由党と民主党が合同して自由民主党が誕生した。

以来、現在に至るまで、ほぼ一貫して自由民主党が政権を握っている。

ところで、日米安全保障条約には、条約として不備な点が⑦多々あったので、自由民主党の⑧岸信介内閣は、１９５８年日米相互協力及び安全保障条約(新安保条約)を⑨締結した。これによって、アメリカの日本防衛義務が明確になった。

１９６０年、岸内閣の後を継いだ⑩池田勇人

---

① 吉田茂 : 1878~1967년 정치가로서 제1차, 2차, 5차에 걸쳐서 내각을 조직. 51년도 샌프란시스코강화조약・일미 안전보장조약에 조인
② 握る : 쥐다, 잡다.
③ 保つ : 가지다, 유지하다, 지키다, 보전하다.
④ 調印 : 조인
⑤ 発足 : 발족
⑥ 鳩山一郎 : 1883~1959년 정치가, 제2차 세계대전 후 일본 자유당 총재에서 뒤에 일본 민주당 총재로서 1954년 수상이 됨
⑦ 多々 : 수가 많은 모양
⑧ 岸信介 : 1896~1987년 정치가, 1957년 수상취임
⑨ 締結 : 체결
⑩ 池田勇人 : 1899~1965년 정치가, 1960년~64년 수상이 되어 3차에 걸쳐서 내각을 조직

内閣は、所得倍増をスローガンに掲げ、経済成長を促進した。１９６４年に成立した①佐藤栄作内閣は、１９６５年に日韓基本条約を締結した。さらに、沖縄の日本復帰を１９７２年に実現した。１９７２年には②田中角栄内閣が成立し、同年の日中共同声明によって両国の国交が正常化した。

しかし、田中内閣は、首相の政治資金と個人資産に係わる③疑惑から、１９７４年総辞職した。

そして、④三木武夫内閣が誕生した。彼は自由民主党の体質改善に尽力したが、党内抗争の激化によって倒れた。その後、１９７６年に誕生した⑤福田赳夫内閣は、１９７８年に日中平和友好条約を締結したが、同年、自由民主党の総裁選挙に敗れ、⑥大平正芳に政権を譲った。

大平正芳内閣の後、１９８０年の鈴木善幸内閣の誕生、１９８２年の中曽根康弘内閣の成立と続いた。中曽根内閣は、行政改革と教育改革に意欲を示し、特に国鉄の民営化に尽力した。外交面では、アメリカや韓国との関係強化に努めた。

しかし、それ以後の首相は、そのほとんどが短命政権に終わり、十分実力が発揮できないまま⑦退陣するにいたっている。途中、旧野党連立の⑧細川護熙政権、⑨羽田孜政権も誕生したが、いずれも短命に終わった。その後、自由民主党、社会党、新党さきがけの３党が連立して、社会党委員長を⑩首班とする⑪村山富市政権が誕生したが、目立った実績は上げられなかった。

---

① 佐藤栄作 : 1901~1975년 정치가, 1964년부터 72년까지 자유민주당총재・수상 역임, 1974년 노벨 평화상을 수상

② 田中角栄 : 1918~1993년 정치가, 1972년 수상 취임, 74년 퇴진(토지투기와 물가상승을 초래한 금전문제가 적발됨)

③ 疑惑 : 의혹

④ 三木武夫 : 1907~1988년 정치가, 체신・운수・통산・외무성대신 등을 역임, 1974년 수상이 됨, 76년 퇴진

⑤ 福田赳夫 : 1905~1995년 정치가, 중의원의원, 蔵相・外相등을 역임, 1976년 수상이 됨

⑥ 大平正芳 : 1910~1980년 정치가, 外相・蔵相역임, 1978년 수상, 재임 중 급사

⑦ 退陣 : 퇴진

⑧ 細川 護熙 : (1938년1월 14일~) 일본의 남성정치가. (총리재임 1993년 8월 9일~1994년 4월 28일)

⑨ 羽田孜 : (1935 8월 24일~)정치가(총리재임 1994년 4월 28일~동년 6월 30일)

⑩ 首班 : 수반

⑪ 村山 富市 : (1924년 3월 3일~) 정치가 明治大学 卒業(총리 재임 1994년 6월 30일~1996년 1월 11일)

その後は、①橋本龍太郎内閣、②小渕恵三内閣、③森喜朗内閣と続き、現在は④小泉純一郎が「構造改革なくして景気回復なし」をスローガンに掲げて、内閣総理大臣として政務にあたっている。

このように、日本では戦後、ほぼ一貫して保守政権が政務に当たってきたわけであるが、その成果としては、何といっても高度経済成長による国民生活の向上の実現が真っ先に挙げられよう。また、外交面では、日米安保条約の締結によってアメリカとの同盟関係を⑤構築し、⑥大過なく外交の諸問題を⑦乗り切ってきたと言えよう。

小泉総理は第８７代〜第８９代までの日本首相として歴任し、その跡継ぎになったのが安倍晋三(あべしんぞう：2006年10月04日)総理の登場である。安倍内閣はさっそく次のような基本方針を発表した。

◐ 安倍内閣の基本方針要旨

1．活力に満ちたオープンな経済社会の構築：
- 再チャレンジ支援策を推進。
- 地方応援プログラムを来年度から実施。

2．財政再建と行政改革の断行：
- 自治体再建法制の整備を検討。
- 社会保障や少子化に伴う負担増に対応し抜本的な税制改革を推進

3．健全で安心できる社会の実現：
- 出産前後や乳幼児期の経済的負担の軽減を含めた子育て家庭への総合的支援

4．教育再生：
- 教員免許の更新制や学校の外部評価を導入

5．主張する外交への転換：
- 官邸の司令塔機能を再編、強化。
- 官邸とホワイトハウスが意思疎通できる枠組みを整備。
- 拉致問題対策本部を設置

以上の項目を掲げて第９０代の安倍内閣が出発した。

---

① 橋本龍太郎：(1937년 7월 29일~2006년 7월 1일) 정치가 (82대 83대 내각 총리)

② 小渕恵三：(1937년 6월 25일~2000년 5월 14일) 정치가 84대 총리 대신

③ 森喜朗：(1937년 7월 14일~) 정치가 85대 86대 총리 대신

④ 小泉 純一朗：(1945년 1월 8일~) 정치가 87대 88대 89대 총리 대신

⑤ 構築：구축

⑥ 大過：大きいあやまち · 엄청난 過失

⑦ 乗り切る：극복하다, 탄체로 끝까지 가다.

第2章　現代日本社会

第５節　日本の経済

第５節 日本の経済

◐ 経済復興期

日本は、第二次世界大戦後、ＧＨＱ(連合国軍総司令部)に間接統治されることとなった。ＧＨＱは、軍国主義的 衝動を生み出す経済構造の①廃絶を基本理念として、経済の民主化を断行した。 それが、②財閥解体、農地改革、労働改革である。これらの改革により、財閥は解体されて小会社に③細分化され、経済界でも企業の上層部は戦争責任を問われて追放され、④地主制が廃止されて小作農が生まれ、労働組合が誕生した。 そして、農民や労働者の勤労意欲は高まり、所得水準も向上し、国内の消費市場は広大していった。

その一方、日本政府は１９４７年、限られた資源を石炭・⑤鉄鋼業へ重点配分する⑥傾斜生産方式を実施し、生産の復興を図った。

この政策は、日本経済の再建にある程度の貢献をした。ところで、ＧＨＱは、当初は民主化に支障となる社会不安の防止から、食糧

---

① 廃絶 : 폐절
② 財閥 : 재벌
③ 細分化 : 세분화
④ 地主制 : 지주제
⑤ 鉄鋼業 : 철강업

⑥ 傾斜生産 : 特定의 重要産業에의 資金·資材를 重点的으로 投入해서 生産을 하는 것. ↔集中生産 石炭·鉄·肥料等 基礎的 物資生産을 우선 確保한 뒤에, 各部分의 物資生産을 拡大할려고 하는 方式. 戦後 日本経済을 緊急하게 回復하기 위한 政策으로써 提案되었다.

援助を行っていただけであったが、冷戦構造の激化から、１９４７年になると占領方針を転換した。すなわち、日本の極東における西側陣営の拠点にするために、日本経済を立て直す※べく、Ｊ・ドッジを特使として送り込み、１ドル＝３６０円の単一①為替レートの設定により、世界の自由経済競争への復帰を図り、輸出を拡大させた。一方、租税の合理化・公平化を図り税収を拡大させるシャープ税制勧告が出され、税制改革もなされた。

さらに、１９５０年に朝鮮戦争が②勃発し、日本に多額の物資が③発注され特需となり、これを契機として④繊維、機械、金属工業などが発達した。朝鮮戦争は、まさに日本経済にとって転換点となった。

◐ 高度成長期

１９５５年から１９７３年にかけて、日本は高度成長期を経験した。

１９５５年には鳩山内閣が「経済自立５カ年計画」、１９５７年には岸内閣が「新長期経済計画」、１９６０年には池田内閣が「国民所得倍増計画」を策定した。政府は成長の⑤見通しを示し、企業はそれに沿って経済計画を立て、設備投資を行った。その結果、日本経済は予想以上の成果を上げたので、企業はさらに積極的に投資を行うこととなった。

高度成長の原因としては、他の欧米先進国との比較という点において、活発な民間設備投資、高い貯蓄率、高い生産性、勤勉さ、近年に至るまでの低い老年人口比率、高い教育水準、良質な労働力、技術の⑥模倣、改良、発明、輸出主導型の成長路線の成功、労使関係の安定、政治の安定などが挙げられる。

１９７２年、田中内閣は「日本列島改造計画」を発表した。これは⑦過密と⑧過疎の解消のための国土開発計画であった。この計画の実現のため、予算と財政投融資の⑨増額補正を組んだが、財政の支払超過となってしまった。

この計画が影響して、株・土地などの資産投機が起こり、需要を拡大させた。その結果、消費者物価も⑩急騰した。

---

① 為替 : 환「為替レート 환시세, 환율」＝為替相場
② ぼっぱつ : 발발
③ 発注 : 발주, 주문함
④ 繊維 : 섬유
⑤ 見通し : 예측, 전망
⑥ 模倣 : 모방
⑦ 過密 : 과밀
⑧ 過疎 : 과소
⑨ 増額補正 : 증액보정
⑩ 急騰 : 급등
※ 動詞の原形＋べく(すべく) : ～하기위해, ～하기에 ＝をするために / する事ができるように

◐ 高度成長の弊害

１９６０年代、工業化の進展につれて、①水俣病、②イタイイタイ病、③ぜんそくなど様々な公害が発生し、社会問題化した。これらの病気の被害者たちは、原因となった物質を排出した企業と、その企業を監督する国を④相手取って、各地で訴訟を起こし、長い年月の末、勝訴を勝ち取った。それらの裁判の間、国や地方自治体の公害対策も進んだ。

一方、企業の側も、国や地方自治体の厳しい規制に対応すべく、技術の向上に努めた。

また、日本の産業構造が、⑤重厚長大な産業や化学工業から公害をあまり出さないハイテク産業へと、重心を移していった。以上の理由により、日本の公害問題は大きく改善に向かったのである。

次に、労働者の長時間労働の問題である。近年になって、ようやく働きすぎによる「過労死」が社会問題となってきてはいるが、日本でこのような問題が生じ、またその対策がなかなか進まない原因としては、労働者の側が自ら進んで残業をこなしているという側面があるので、問題が発覚しても、「頼みもしないのに、好きで残業していただけ」と、企業に⑥切り返されてしまうからである。

例えば、１日８時間労働として、残業が２時間、往復の通勤の３時間とすると、１日に１３時間も拘束される。また、日本人は他人に気を使う傾向にあるので、自分の仕事が終わっても、同僚に付き合って残業をするといったケースも多い。休暇をとるにも、同僚や上司に気遣う。

しかし、近年の不況による企業の業績悪化で、企業は残業をカットする傾向にあるので、長時間労働の問題は改善に向かっている。

しかし、人員の削減により、かえって残業が増えているケースもある。また、再び景気がよくなれば、長時間労働の問題が復活する可能性も残っている。したがって、この問題はまだ⑦予断を許さない状況にあるといえよう。

---

① 水俣病 : 1953년경 일본熊本県의 水俣시에서 발생 한 병으로 廃水, 公害로 인한 중독성질환의 한 가지 시야, 협착, 언어장애, 운동장애를 일으키며 사망하기도 함
② イタイイタイ病 : 福山県神通강 유역에서 광산 폐수에 포함된 카드뮴의 체내 축적에 의한 뼈 질환
③ 喘息 : 천식
④ 相手取る : 상대로 하다.
⑤ 重厚 長大 : 중후장대
⑥ 切り返す : 되받아치다. 반박하다.
⑦ 予断 : 예측「予断を許さない 예측을 불허하다.」

◐ 2度のオイルショック

１９７３年には、第１次オイルショックが発生し、これを契機に「①狂乱物価」が起こった。 これに対して、政府は公共投資の圧縮、②公定歩合の引き上げなどの需要抑制策を取った。

これが③功を奏し、狂乱物価は抑え込んだが、その一方、日本経済は深刻な不況に④陥った。

１９７５年からは、政府は公定歩合の引き下げなどの景気刺激策をとったが、景気は回復しなかったので、赤字国債の発気行を決定した。 これは現在に至るまでほぼ毎年のように続けられており、財政の⑤硬直化をもたらしている。

１９７８年には第２次オイルショックがおきるが、この時は大平内閣が早めの⑥引き締め政策を取ったので、狂乱物価は発生しなかった。

◐ 貿易摩擦

日本経済は、原材料を外国から輸入し、それを自国で加工して輸出するという加工貿易で成り立っている。 日本企業は、原油価格の上昇、人件費の上昇などの数々の不利な条件を、産業ロボットの開発に代表されるような技術革新によって、低コスト化を実現し、危機を乗り切ってきた。しかし、日本製品の輸出攻勢に対し、諸外国、とりわけアメリカの対日貿易赤字が⑦膨らみ、アメリカは再三にわたり日本に、内需を拡大してもっとアメリカ製品の輸入を増やすようにと、クレームをつけてくるようになった。そして、アメリカは、為替相場を円高の方向に誘導した。

その結果、日本の輸出産業は少なからずダメージを受けた。しかし、国際協調の観点から、日本は内需の拡大に努めて輸入を拡大し、また、日本企業も生産拠点を海外に移すなどして、貿易収支の改善に⑧前向きに協力したため、貿易収支の問題はある程度は改善した。それでもなお、現在に至るまで、日本の貿易黒字の傾向は続いている。

アメリカが貿易赤字となっている国は日本だけではないにもかかわらず、いつも日本だ

---

① 狂乱 : 광란
② 公定歩合 : 공정금리(이율)
③ 功を奏する : 주효하다, 보람이 나타나다.
④ 陥る : 떨어지다, 빠지다.
⑤ 硬直 : 경직
⑥ 引き締め政策 : 긴축정책
⑦ 膨らむ : 불어나다, 부풀어 오르다, 볼록해지다.
⑧ 前向き : 전향적, 적극적

けが①槍玉にあがるのは、ヨーロッパ諸国は特定の産業に特化しているため、アメリカとの利害の②競合が避けられていることにある。

資本主義経営がいくら自由競争を③建前としているとはいえ、ある程度のすみわけは必要であろう。したがって、今後の日本は、国際協調の観点から、アメリカで創出される産業を模倣し、アメリカと競争するよりも、現在すでにある一定のレベルにまで育っている特定の産業に特化する必要があると思われる。

◐ 現在の日本経済

以上述べたように、戦後から１９９０年までの日本経済は、総じて④順風満帆であったといえよう。

しかし、１９８０年代後半のバブル景気を経て、１９９０年代に入ると一転して日本経済は低迷期に入る。当初は、景気循環のサイクルの中での一時的な不況と考えられてきた。日銀の対策も、景気対策のセオリーである公定歩合の引き下げと公共投資の⑤前倒しなどで対処してきた。しかし、今までの景気対策の⑥セオリーはことごとく通用しなかった。

国内外の経済学者も、１９９０年代後半からは、日本経済は拡張期に入ると予測していた。

しかし、その予測は⑦見事に外れた。国民は、⑧付け焼刃的な政策は通用せず、⑨抜本的な構造改革が必要なことに気づき始めた。しかし、これには複雑な利害関係が⑩絡むことでもあり、また改革に伴う痛みを恐れるあまり、国民と政治家は総論には賛成でも各論になると⑪及び腰となり、そのためいつも改革は先送りされ、いつまでたっても何も実現せず、現在に至っている。一方、日本経済はアメリカの政策次第であるということもいえる。

１億を超える人口を有する日本の本格的な景気回復と経済成長は、アメリカにとっては脅威ともなりうるのである。結局、日本の景気回復は日本だけの力では⑫いかんともしがたいという側面があり、アメリカとの協調という意味では、現状維持がベストということもいえるのである。

---

① 槍玉に上げる : 공격이나 비난의 대상으로 삼다.
② 競合 : 서로 다투다, 서로 경쟁하다.
③ 建前 : 기본이 되는 방침, 원칙, 표면상의 방침
④ 順風満帆 : 순풍만범, 만사가 순조롭게 진행됨의 비유
⑤ 前倒し : 예정, 예산 따위를 앞당겨 씀
⑥ セオリー(theory) : 이론, 학설, 가설
⑦ 見事に外れる : 멋지게 빗나가다.
⑧ 付焼刃 : 임시변동, 고식책
⑨ 抜本的 : 발본적
⑩ 絡む : 얽히다, 얽매이다.
⑪ 及び腰 : 엉거주춤한 자세 태도, 이도 저도 아닌 태도
⑫ いかんともしがたい : 어떻게도 할 수 없다.

バブル経済の原因と経済崩壊の原因

バブル経済の直接の原因は、１９８５年の先進国首脳会議での①プラザ合意後 、国際通貨である米国ドルの大量発行により生じたドル安各国通貨高のなかで、日本では急な円高防止対策として円の大量発行をした結果、市場に必要以上の通貨が供給されたことにある。

そして、こうした通貨が土地、株、ゴルフ会員権、絵画などに通貨が回りその市場価格が暴騰した。 その後米国は大量発行したドルを回収し、ドルの市場への供給量を減少させはじめた。その結果ドル高各国通貨安となり、今度は逆に急な円安防止対策として、市場から円を減らさなければならなくなり、土地、株、ゴルフ会員権などで運用されていた資金が、政府に吸い上げられることとなった。このため株式、土地、ゴルフ会員権などの市場価格は暴落した。

銀行②借入れで株式、土地などを購入した企業、個人の資産評価額は大幅に減少した。 しかし、企業、個人の借入金の評価残高は資産評価額のように減少せず、財務状態が急速に悪化した。

このようにしてバブル経済は崩壊し、証券、金融、生保など会社の倒産が相次いだ。

企業の財務状態の改善方法は 、③目減りした資産評価額を市場への通貨供給（きょうきゅう）量を増加させて、株価、土地の評価額をあげるか、銀行など債権者が資産の評価額に見合うまで、企業への④貸付金の評価額を債権放棄により下げるかによる。 株価などの上昇は、大小企業、個人などを救済することにつながる。

しかし、このような付け焼刃的政策では、再びバブル経済の再燃ということにも⑤なりかねない。

われわれは「国民所得」という概念をひたすら⑥信奉し、ＧＤＰを成長させることに⑦傾注してきた。しかし、それが本当に国民の幸福につながったとは言い⑧がたい。 経済成長率を上げるという単なる数字合わせではなく、何が真の国民生活の向上に結びつくのかを真剣に考える時期に来ているといえよう。

---

① プラザ合意 : 1985년 9월 뉴욕시의 프라자호텔에서 열린 5개국 장상회의에서 달라화의 고가격의 시정을 위하여 각국이 협조하여 결정한 합의

② 借り入れ : 차입

③ 目減り : 실질적인 가치가 내림

④ 貸付金 : 대부금

⑤ 連用形 + かねない : ～하기가 쉽다. ＝かもしれない

⑥ 信奉 : 신봉

⑦ 傾注する : 한 일에 마음이나 힘을 집중하다.

⑧ 動詞の連用形＋がたい ～하기가 어렵다.

■ 日本銀行本館

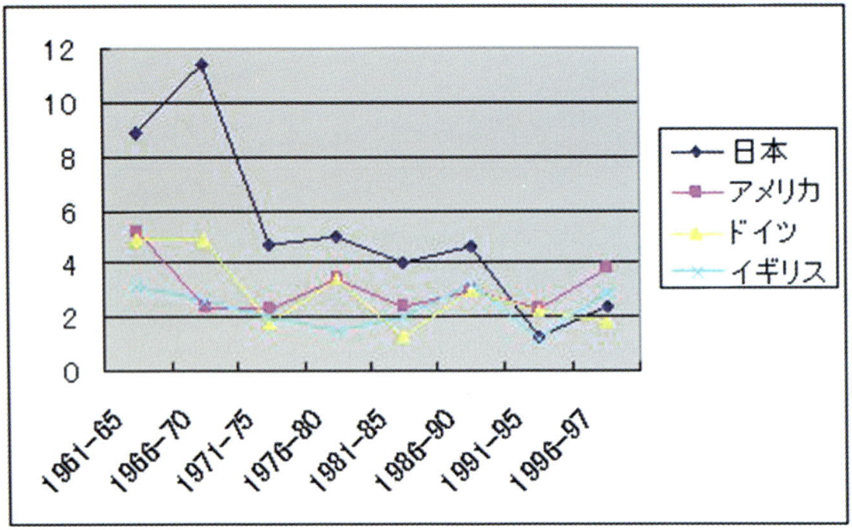

■ 主要国の経済成長率（年平均成長率）　　単位：%「経済要覧」

資源には恵まれており、①漁獲量も世界第一位であった時代がしばらく続いていた。

しかし、過度の漁獲により、日本近海の漁業資源は減少傾向にあるため、徐々にウェイトは②沿岸漁業から③遠洋漁業に移っていく。

日本近海で漁獲される魚は④圧倒的にいわしが多いが、その他の魚のほとんどは、はるばる外国の近海まで行って漁獲している。しかし、各国が２００カイリの経済⑤水域を設定し始めたので、その水域内で漁獲させてもらうか、あるいは外国が漁獲した魚を輸入するかということになる。日本としては、外国の水域内で漁獲したいところであるが、漁獲⑥割り当ても厳しくなってきており、輸入が増加傾向にある。

◐ ⑦林業

日本は森林には恵まれているので、林業は盛んであった。しかし、現在では国内では需要をまかなえないので、そのほとんどを東南アジアからの輸入に⑧頼っている。なお、日本列島はかつては⑨ブナの木で⑩覆われていたが、国の植林政策により、材木として適したスギやヒノキを大量に植えたので、その花粉が春先になると大量に⑪飛び交い、⑫花粉症に悩む人が増えるという深刻な問題が発生している。また、スギやヒノキの根は浅いので、ひとたび洪水が発生してしまうと、木が流されてしまい、洪水の⑬抑止効果が働かないという問題もある。

---

① 漁獲量 : 어획량
② 沿岸 漁業 : 연안어업
③ 遠洋 漁業 : 원양어업
④ 圧倒的 : 압도적
⑤ 水域 : 수역
⑥ 割り当て : 할당
⑦ 林業 : 임업
⑧ 頼る : 의지하다, 의존하다.
⑨ ブナの木 : 너도밤나무
⑩ 覆う : 덮다
⑪ 飛び交う : 어지러이 날다.
⑫ 花粉症 : 꽃가루가 일으키는 알레르기 증상
⑬ 抑止効果 : 억제효과

◐ 工業

日本は資源には恵まれていないので、原料を輸入して製品を作って輸出するという加工貿易によって成り立っている。したがって、原油価格が高騰すると、製品コストも上昇するし、為替相場が円高になると、輸出の際の製品の価格が上昇することとなる。このように、原油価格と円高の①双方に常に神経を使って、その双方のバランスの上に現在の日本の繁栄が保たれているわけで、現在の日本経済の基盤は②脆弱であるといえよう。

日本の工業地帯は、京浜、阪神、中京、北九州の四大工業地帯を中心として、後にその周辺の北関東、京葉、東海、瀬戸内にまで伸び、いわゆる太平洋ベルト地帯を形成している。

日本の工業は、戦前及び戦後の高度成長期の前半ぐらいまでは、繊維工業が中心であった。

その後、鉄鋼、造船、石油化学などにそのウェイトが移り、第一次オイルショック以後は、自動車、家電などが中心となった。さらに、③半導体などのハイテク産業、そして現在のＩＴ産業という④変遷を遂げている。

現在、日本における製造業の⑤「空洞化」の危険が⑥叫ばれている。それは、企業が製品の低コスト化を実現するため、生産拠点を人件費の安い中国や東南アジアに移しているからである。そのため、国内の⑦雇用が減少し、失業率が高くなり、すると消費マインドが弱まり、消費者物価が⑧下落し、それがさらに企業の生産⑨拠点の国外脱出を助長し、さらにデフレ傾向が強まり、経済成長力が弱まるという⑩悪循環に陥っている。

この状態を打開するため、政府はＩＴ革命の必要性を訴え、ＩＴ産業の育成と社会全体のＩＴ化に力を注いでいる。その結果、家庭でのパソコン普及率も順調に伸び、ＩＴ化は順調に進んでいる。しかし、それでも景気は一向に改善されない。

日本においても、アメリカと同様、第二次産業から第三次産業へ重心を移している。特に、高度成長の⑪終焉とともに、その傾向が⑫顕著となっている。政府もその傾向を

---

① 双方(そうほう) : 쌍방
② 脆弱(ぜいじゃく) : 취약
③ 半導体(はんどうたい) : 반도체
④ 変遷(へんせん) : 변천
⑤ 空洞化(くうどうか) : 공동화
⑥ 叫ぶ(さけぶ) : 외치다
⑦ 雇用(こよう) : 고용
⑧ 下落(げらく) : 하락
⑨ 拠点(きょてん) : 거점
⑩ 悪循環(あくじゅんかん) : 악순환
⑪ 終焉(しゅうえん) : 종언, 임종
⑫ 顕著(けんちょ) : 현저

①後押ししている。しかし、第三次産業が日本の中心産業となってからというもの、バブル景気とその後の平成不況といったように、日本経済にとってプラスに働いているとはいえない。

その一方で、現在の日本では、ホンダ、スズキ、ヤマハなどの世界的企業が名を②連ねている③浜松地域のように、製造業に④真剣に⑤取り組んでいる地域の経済が好調なのは、皮肉なことである。

従来の日本は、アメリカで次々と創出される産業を移入し、それをオリジナルなものに発展させるということを繰り返してきた。

しかし、このような路線は、アメリカとの⑥摩擦を常に生んできた。ヨーロッパ諸国が、それぞれ得意な産業に特化してすみ分けているように、今後の日本もアメリカとの協調ということを考えていかなければならない。

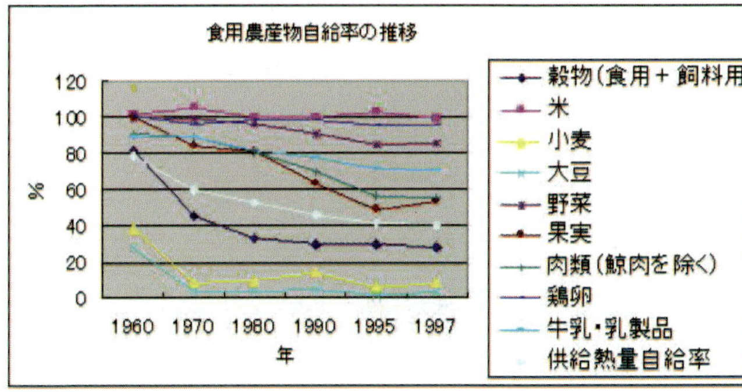

■「日本国勢図会」

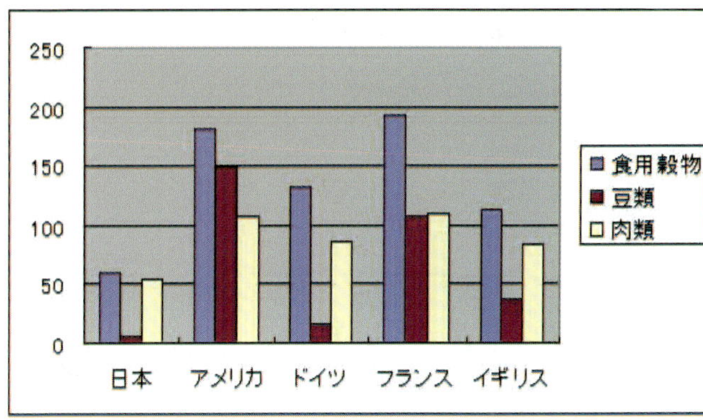

■農産物自給率（１９９８年）　単位：%「食糧需給表」

① 後押し : 후원하다, 후원자
② 連ねる : 잇대어 줄짓다.
③ 浜松 : 静岡県 西部에 있는 지명
④ 真険 : 진지함
⑤ 取り組む : 열심히 일에 들러붙다.
⑥ 摩擦 : 마찰

■わが国の工業の生産別構成（重化学工業化）

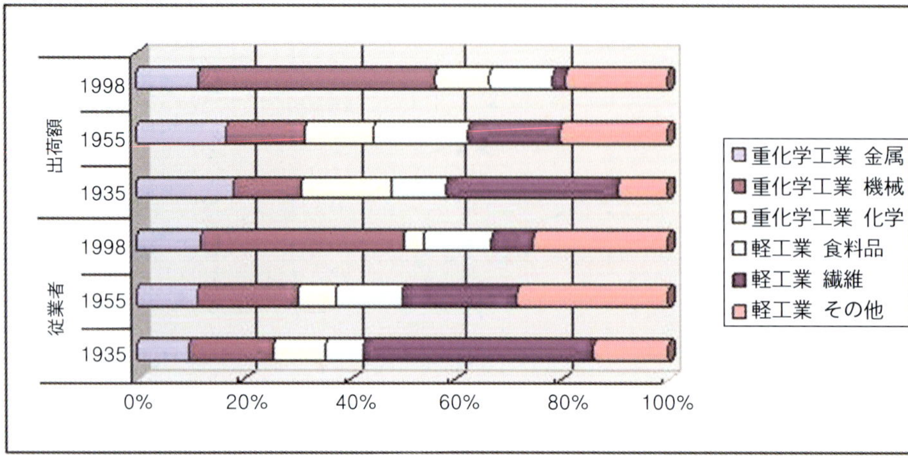

単位：%「日本国勢図会」

		重化学工業			軽工業		
		金 属	機 械	化 学	食料品	繊 維	その他
従業者	1935	9.7	15.9	9.9	6.9	43.8	13.8
	1955	11.7	18.5	7.2	12.5	21.8	28.3
	1998	12.2	38	4	12.7	7.8	25.3
出荷額	1935	18.4	12.6	16.8	10.8	32.3	9.1
	1955	17	14.7	12.9	17.9	17.5	20
	1998	11.9	44.7	10.2	11.6	2.7	18.9

■ 稲作（いなさく）

■ 製紙工場（せいしこうじょう）

第2章 現代日本社会

第7節 日本のスポーツ

第7節 日本のスポーツ

日本で人気の高いスポーツは、野球(やきゅう)、サッカー、バレーボール、①駅伝マラソン、②相撲などである。その他、③柔道は日本発祥(はっしょう)のスポーツで、国際的にも普及しており、オリンピックでメダルが期待(きたい)される種目(しゅもく)でもある。

◐ 野球

野球はアメリカ④発祥のスポーツであり、英語ではbaseballである。しかし、日本語では原語(げんご)に忠実(ちゅうじつ)にベースボールというのではなく、「野球」という。そのぐらい、野球は日本社会によく⑤溶け込んだ存在となっている。

野球の普及には、鉄道会社が大きく貢献している。まず、箕面有馬(みのおありま)電気鉄道(現：阪急(はんきゅう)電鉄)が大阪朝日新聞(現：朝日新聞)に⑥掛け合って、１９１５年に沿線の豊中(とよなか)運動場にて全国中等学校優勝野球大会開催に⑦こぎつけた。しかし、予想をはるかに超える人気に、運動場の観客(かんきゃく)の収容(しゅうよう)も、鉄道(てつどう)輸送(ゆそう)も間に合わなかった。

それに目をつけた⑧商売がたきの阪神電鉄が、沿線により設備(せつび)のいい球場(きゅうじょう)を提供(ていきょう)すると大阪朝日新聞に⑨持ちかけ、第３回大会以降、鳴尾グラウンド(現：甲子園球場)に会場が移った。その後、１９３５年に阪神電鉄がプロ野球球団を設立する運びとなると、それに対抗して阪急電鉄も球団を設立した。その後、南海(なんかい)、東急(とうきゅう)、国鉄(こくてつ)、西鉄(にしてつ)などの会社、公社が相次いで球団を設立したり、身売りしたりして、現在は阪神(はんしん)、近鉄(きんてつ)、西武(せいぶ)の３社が球団を所有(しょゆう)している。鉄道会社が野球の経営に熱心なのは、自社線の利用客数を⑩喚起するのが目的であるが、あまり成功しているとはいえない。

ところで、近年は野球人気にも陰(かげ)りが見えてきた。特に、若者の間で野球離れが進んでいる。 日本国民の多くが応援(おうえん)している巨人(きょじん)(東京読売ジャイアンツ)から、王(おう)、長嶋(ながしま)に代わるスター選手がずっと生まれていないこ

---

① 駅伝(えきでん) : 역전 駅伝競走 역전경주
② 相撲(すもう) : 스모, 씨름
③ 柔道(じゅうどう) : 유도
④ 発祥(はっしょう) : 발상
⑤ 溶(と)け込(こ)む : 융화하다, 동화하다.
⑥ 掛(か)け合(あ)う : 흥정하다, 교섭하다.
⑦ こぎつける : (간신히) ~하기에 이르다, 노력해서 겨우 목표에 도달하다.
⑧ 商売(しょうばい)がたき : 상업상의 경쟁자
⑨ 持(も)ちかける : 말을 걸다, 말 따위를 꺼내다.
⑩ 喚起(かんき) : 환기

とが、大きな要因といえよう。しかし、イチローや野茂、松井など米国メジャーリーグで活躍する選手が出てきたことは、①新たな期待要因である。

◐ バレーボール

日本のバレーボールの普及に貢献したのは、②紡績会社である。戦後、紡績工場の女子工員の長時間にわたる③単調労働は、労働効率の低下を招いていた。それを防ぐべく、気分転換のためのレクリエーションの一環としてバレーボールが採用され、相次いでチームが結成されていった。

このように、当初は企業における福利厚生の一環としてのレベルにあったバレーボールを、世界的レベルにまで押し上げたのは、当時、日紡(現：ユニチカ)貝塚の監督であった大松博文氏であった。氏は全国から有望選手を④発掘して貝塚工場に集め、監督と選手の双方の信頼関係の上に成り立つスパルタ式指導により、国内で２５８連勝という⑤輝かしい記録を⑥樹立。その功績が認められ、氏が⑦率いる日紡中心のメンバーで東京オリンピックに参加。決勝でソ連を破って金メダルを獲得し、日本国民に感動を与えた。

その後、男子もミュンヘンオリンピックで金メダルを獲得し、これを⑧契機に人気は女子から男子へと移り、多くのスター選手を⑨輩出し、彼らの一部は芸能界でも活躍している。

そして、企業におけるバレーボールは、福利厚生の一環という位置づけから、広告宣伝の役割へと変わっていった。選手は、仕事をせずに練習のみに専念することとなり、大会では常に勝つことが義務づけられた。したがって、結果を残せない場合は、企業にとって不要と判断され、チームの解散や身売りを⑩余儀なくされた。特に、バブル崩壊以後は企業業績が悪化し、またバレーボールが最近のオリンピックで結果を残せないという状況から人気に陰りが出てきたこともあり、この傾向がさらに顕著となった。日立、ユニチカ、東洋紡などの名門チームが姿を消し、

---

① 新たな : 새로운
② 紡績 :「紡績工場 방적공장」
③ 単調 労働 : 단순노동
④ 発掘 : 발굴
⑤ 輝かしい : 빛나다, 훌륭하다.
⑥ 樹立 : 수립
⑦ 率いる : 인솔하다. 이끌다.
⑧ 契機 : 계기
⑨ 輩出する : 배출하다.
⑩ 余儀ない : 부득이하다, 어쩔 수 없다.「〜を 〜くされる어쩔 수 없이 〜하게되다.」

今バレーボール界は大きな①試練のときを迎えている。

◐ サッカー

日本はよく欧米志向だといわれるが、戦後に限っていえば、アメリカ志向の傾向が強いといえよう。スポーツの世界もまた②然りで、野球やバレーボールといったアメリカ発祥のスポーツに人気があった。ところが、イギリス発祥のサッカーは、そのような環境にあっても人気を獲得した数少ないスポーツの一つである。その人気は、今や野球と二分するほどまでに成長した。しかも、野球ファンの年齢層が比較的高いのに対し、サッカーファンのそれは若年層が中心なので、将来的にも、より人気の高まる可能性がある。

日本には、１９９３年に設立されたプロリーグのＪリーグがある。Ｊリーグのチームは、従来の日本のスポーツ界のように企業にのみ依存するのではなく、ドイツのような「地域に③根差した総合スポーツクラブ」を目指している。具体的には、自治体の協力によるスタジアムやスポーツ施設の整備、地域の人々の応援、ボランティアによる試合のサポートなどによって運営されている。もちろん、企業のサポートがまったくないわけではなく、スタジアムやスポーツ施設の整備には④地元企業も協力し、スタッフの⑤派遣なども行っている。

いずれにせよ、企業依存体質の強い日本のスポーツ界に、サッカー界は大きな⑥一石を投じたといえよう。

◐ 駅伝・マラソン

駅伝は、数人で一チームをつくり、各々のチームが一人一区間ごとにリレーする長距離競走で、日本発祥のスポーツである。実業団、大学、高校、中学、都道府県毎の対抗戦が、毎年晩秋から初春にかけて繰り広げられる。駅伝は国際的にも認知され始め、国際大会も多く催されるようになった。駅伝の中でも最も人気の高いのは、毎年お正月に行

---

① 試練 : 시련
② 然り＝そうである : 그렇다, 맞다.
③ 根差す : 기인하다, 유래하다.
④ 地元 : 그 고장, 그 지방
⑤ 派遣 : 파견
⑥ 一石を投ずる : 일석을 던지다, 파문을 일으키다.

われる箱根駅伝で、関東の２０の大会チームが２日かけて東京・箱根間を往復して優勝を競う。

マラソンは、オリンピックでメダルが期待できる数少ない競技の一つということもあり、人気が高い。 最近のオリンピック代表選手の選考は、特に人気の高い関心を集めている。

シドニーオリンピックの女子マラソンで高橋尚子選手が金メダルを取ったことは、記憶に新しいところである。

■ 幕内土俵入り

◐ 相撲

相撲は、①土俵上で二人の者が②組み合い、相手を倒すか、あるいは土俵外に出すことによって勝負を決める競技で、日本の③国技とされる。 日本書紀によれば、④垂仁天皇の時に野見宿禰と当麻蹴速が当ったのが始めとされる。 奈良・平安時代には⑤相撲の節会として宮中の行事となり、江戸時代には⑥権進相撲が盛んとなって、現代の大相撲に引き継がれていった。

相撲の最大の特徴は、欧米の⑦格闘技のような階級制を設けていないということである。

体の小さい力士が大きい力士を⑧豪快に投げ倒す様を見るのが、相撲の⑨醍醐味である。

相撲は、かつてはメジャーなスポーツの一つであった。 ⑩横綱双葉山、⑪大鵬などが活躍していた時代は、人気が高かった。 しかし、近年の人気は低落傾向にある。

明るい材料としては、外国人力士が増えて活躍していることである。 ⑫曙、武蔵丸と

---

① 土俵 : 씨름판
② 組み合う : 맞붙어 싸우다.
③ 国技 : 국기
④ 垂仁天皇 : 제11대 천왕
⑤ 相撲の節会 : 奈良・平安時代, 毎年7月애 天皇이 相撲을 観覧하고, 그 뒤에 연회를 베풀었던 연중행사. 옛날 조정에서 절일(節日)이나 의식이 있는 날에 베풀던 연회
⑥ 権進相撲 : ㉠ 권진을 위해 하는 씨름 ㉡ 입장료를 받고 흥행하는 씨름
⑦ 格闘技 : 격투기
⑧ 豪快 : 호쾌
⑨ 醍醐味 : 크림 맛. 사물에 대한 깊은 맛. 참다운 즐거움. 묘미(妙味)
⑩ 横綱双葉山 : 스모의 최고위 1912~1968년 제 35대横綱
⑪ 大鵬 : 씨름선수 이름
⑫ 曙、武蔵丸 : 씨름선수 이름

いったハワイ出身の力士が、最高位の横綱への昇進を果たした。外国人横綱の誕生には、初めのうちは国民の間に抵抗感が強かったが、現在ではほぼ①払拭されたといえよう。

その他、モンゴル出身の力士たちも活躍しており、将来が楽しみである。

◐ 柔道

柔道は、1882年(明治15)②嘉納治五郎が講道館を創立し、柔術を改良して創始した格闘スポーツで、心身を③鍛練し、その力を最も有効に使用する道を体得させようとするものである。④投げ技・⑤固め技・⑥当て身技の三部門からなり、さらに投げ技は⑦立ち技と⑧捨て身技、固め技は⑨抑え込み技と⑩絞め技と⑪関節技にそれぞれ分かれる。当て身技は危険なため試合では禁止されている。

現在、柔道は国際的にも普及し、オリンピックの正式種目にも採用されている。しかし、国際化の過程で階級制が導入されたため、「小が大を制す」という日本スポーツの伝統的な醍醐味を味わうことができなくなってしまった。同じ条件の下で戦うのがフェアと考えるのが欧米のスタイルであるが、そもそも人間に同じ条件を⑫兼ね備えた者など存在し得ない。もし仮にそのような人間が存在したとしたら、永遠に勝負が付かないということになってしまう。条件の異なる人間同士のぶつかり合いが、スポーツの醍醐味なのである。その点を欧米世界に十分に⑬説くこともなく国際化を急いでしまったことは、大いに⑭悔やまれるところである。

■ 柔道

① 払拭 : 불식
② 嘉納治五郎 : 1860~1938년 교육자 유도집안, 대일본 체육협회를 창립

③ 鍛練 : 단련, 연마
④ 投げ技 : 메치기
⑤ 固め技 : 굳히기
⑥ 当て身技 : 급소지르기
⑦ 立ち技 : 선자세로 상대방을 넘기는 수
⑧ 捨て身技 : 자신의 몸을 버리면서 내던지는 기술
⑨ 抑え込み技 : 상대를 위로 향하게 해서 누르기 기술
⑩ 絞め技 : 경동맥을 누르거나 기도를 막아서 제압하는 기술
⑪ 関節技 : 팔꿈치의 관절을 공격하는 기술
⑫ 兼ね備える : 겸비하다, 서로 합치다.
⑬ 説く : 설득하다.
⑭ 悔やむ : 애석하게 여기다.

第2章　現代日本社会

第8節　日本の科学技術の現状

① 日本の科学技術の水準

② ノーベル賞とフィールズ賞

③ 科学への関心

第8節 日本の科学技術の現状

① 日本の科学技術の水準

日本の現在の科学技術の水準を測る①物差しとして、主要科学論文誌に発表された論文数のシェア、ノーベル賞受賞者の数などの国際比較が考えられる。そこで、それらを表1から3までに示した。

◐ 論文数シェア

表1に見るように、主要科学論文誌に発表された論文に占める割合では、日本は第2位である。しかし、それが引用された回数となると、第4位に落ちてしまう。

表2で、科学誌の中でも特に権威のあるとされている②Nature誌と③Science誌に限ってみると、それぞれ4位、3位といったところである。

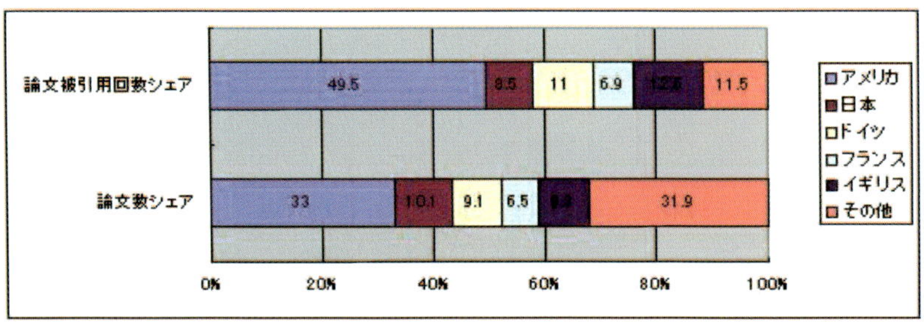

■「平成１４年度版 · 科学技術白書」による

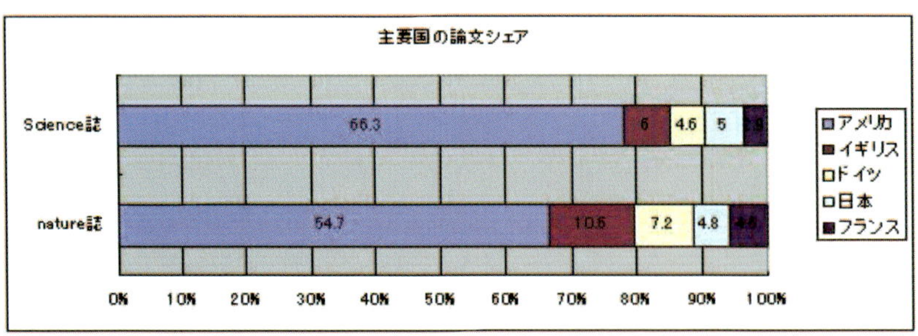

■「平成１４年度版 · 科学技術白書」による

---

① 物差し : 기준, 척도, 표준

② Nature誌(ネイチャーし) : 영국의 주간 과학지

③ Science誌 : 과학지

◐ ノーベル賞受賞者数

日本の科学技術の世界における水準を測る①指標の一つとして、ノーベル賞のうち、自然科学分野の受賞者数の国際比較が考えられる。

そこで、表３にそれを示した。

表３を見ると、日本は９位で国力に比して受賞者数は少ないように思える。しかし、戦後に限ってみれば、ヨーロッパの大国といわれるフランスやロシアと肩を並べるほどであり、特に最近１０年間に②絞れば、前二国を③凌駕しドイツと同数である。

以上の論文数シェア、ノーベル賞受賞者数の比較という点から考えると、日本の科学技術の水準はアメリカ、イギリスに次いで、ドイツ、フランス、ロシアなどと同レベルにあると思われる。しかし、日本国内で科学業績を正当に評価するという体制は、まだほとんど④整ってないといってよい。日本ではほとんどノーマークであった者が、ノーベル賞を受賞するといったケースが多い。 日本での評価と国際的な評価の⑤ミスマッチは、よく指摘されるところである。もちろん、日本独自の評価もあってもよいわけであるが、それが世界の⑥オピニオンリーダーになれるのか

	１９０１-１９４５年	１９０１-１９４５年	最　近１０年間	合計
アメリカ	18	190	46	208
イギリス	26	47	7	73
ドイツ	36	28	4	64
フランス	15	10	1	25
スウェーデン	6	10	1	16
スイス	6	10	2	16
オランダ	8	5	3	13
ロシア・ソ連	2	9	1	11
日　本	0	9	4	9
オーストリア	8	1	0	8
デンマーク	5	4	1	9
カナダ	2	6	1	8
イタリア	3	4	0	7
ベルギー	2	3	0	5

■ 表３ノーベル賞（自然科学分野）の各国受賞者数 「平成１４年度版科学技術白書」

① 指標 : 지표
② 絞る : 한정하다, 압축하다.
③ 凌駕 : 능가
④ 整う : 갖추어지다, 정리되다.
⑤ ミスマッチ(mismatch) : 부적절한 조합
⑥ オピニオンリーダー(opinion leader) : 평론가

というと、まだまだその①前途は厳しいといわざるを得ないのである。

◐ 日本の技術貿易

ノーベル賞の受賞者数が最近１０年間で急増したことと時を同じくするように、日本の技術貿易も、１０年ほど前から輸出超過に転じている。表４では、２０００年度の日本の技術貿易額を示した。これを見ると、日本はすべての地域において、技術貿易では輸出超過となっている。また、表には示されていないが、主要国間の貿易収支を見ても、ドイツとは輸入超過となってはいるものの、アメリカ、イギリス、フランスとは輸出超過である。産業別では、これも表には示さなかったが、輸送用機械工業の輸出超過が②著しく、この分野での日本の技術力の高さを③物語っているといえよう。

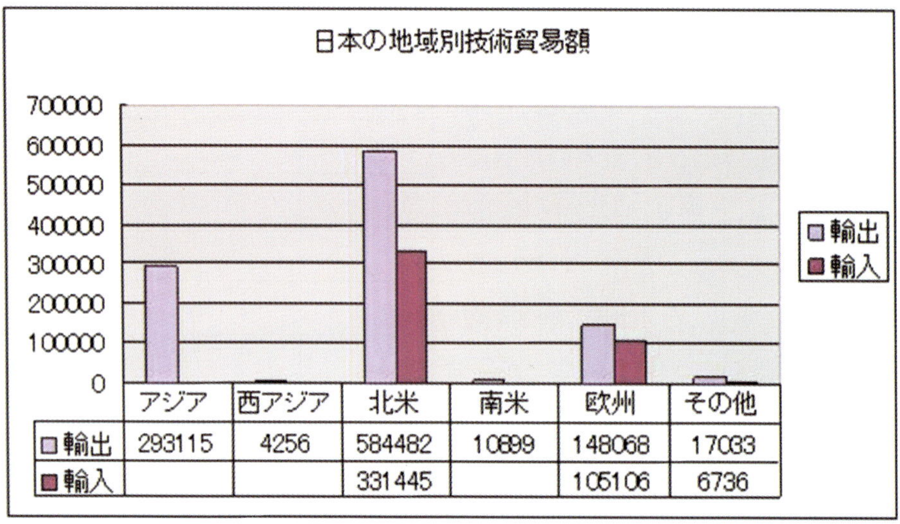

	アジア	西アジア	北米	南米	欧州	その他
輸出	293115	4256	584482	10899	148068	17033
輸入			331445		105106	6736

■「平成１４年度版 · 科学技術白書」による。

① 前途 : 전도
② 著しい : 현저하다.
③ 物語る : 가리키다. 이야기 하다.

②ノーベル賞とフィールズ賞

◐ 戦前のノーベル賞①候補者たち

表3に見るように、日本で戦前にノーベル賞を受賞した者はいなかった。だからといって、戦前の日本の科学技術のレベルが低かったというわけではない。戦前においても、日本人のノーベル賞候補者は数多くいた。

まず、１９０１年の第１回ノーベル賞生理学・医学賞の候補者として、②北里柴三郎の名が挙がっていた。しかし、国際的に賞を受賞したのはドイツのベーリングであった。

その受賞理由は「ジフテリア(diphtheria <ギ diphtheria)の③血清療法の研究」であったが、その研究は北里との共同研究によるものであった。しかも、血清療法を最初に確立したのは、ベーリングではなく北里であり、現在の選考基準であったなら、間違いなくベーリングと北里の共同受賞となっていた。

当時のカロリンスカ研究所やノーベル財団には、欧米世界の外の日本人研究者を選ぶ考えなど最初からなかったのであろう。

④野口英世は１９１３年３６歳の時、⑤麻痺性痴呆患者の脳の中から⑥梅毒スピロヘータを発見して、細菌研究者として一躍世界のトップに⑦躍り出た。 以後、１９２７年まで計９回にわたって、２１人の研究者からノーベル賞受賞候補者として⑧推薦を受けていた 。しかも、そのうち１７人が外国人の研究者で、日本人はたったの４人であった。これは、高等小学校卒の学歴しかない野口を正当に評価する⑨土壌が、当時の日本にはなかったためである。野口が受賞する可能性が最も高かった年は１９１５年であろう。しかし、この年、第一次世界大戦のためノーベル賞の⑩授与が⑪見送られてしまったことは、まことに残念であった。

⑫山極勝三郎は、ウサギの耳にコールタールを塗って人工的に癌を発生させることに成功した。一方、デンマークのフィビゲルは、⑬線虫によってネズミの胃に人工的に⑭胃癌を発生させる実験に成功した。

① 候補者 : 후보자
② 北里柴三郎 : 1852~1931년 세균학자
③ 血清療法 : 혈청요법

---

④ 野口英世 : 1876~1928년 세균학자, 아프리카에서 황열병을 연구 중 감염으로 사망
⑤ 麻痺性痴呆患者 : 마비성치매환자
⑥ 梅毒スピロヘータ : 매독 病原体
⑦ 踊り出る : 뛰어오르다, 등장하다.
⑧ 推薦 : 추천
⑨ 土壌 : 토양
⑩ 授与 : 수여
⑪ 見送る : 보류하다.
⑫ 山極勝三郎 : 1863~1930년 병리학자, 일본 병리학회를 창립
⑬ 線虫 : 선충. 동식물에 기생하는 線形동물
⑭ 胃癌 : 위암

両者は１９２６年のノーベル賞の選考において、最後まで候補として残ったが、結果的にはフィビゲルが受賞した。しかし、その後フィビゲルの人工発癌は誤りであることが明白となった。これは、現在では、ノーベル賞の三大①誤謬の一つとされているが、当時、その誤りが明白になると、日本の医学界は大いに落胆し、「やはり、山極が受賞すべきであっだ」「日本人だから差別された」という②風説が③まかり通ることとなった。

④鈴木梅太郎はビタミンの発見者として知られている。しかし、この業績で１９２９年にノーベル生理学・医学賞を受けたのは、オランダのエイクマンとイギリスのホプキンズであった。これには、東大医学部が鈴木の研究に対し非協力的だったことも一因であった。鈴木は東大農学部出身で、１９２７年に東大農学部部長の町田咲吉によって推薦された。しかし、同年、東大医学部部長の林春雄はホプキンズを推薦していたのである。

おそらく、当時の東大医学部は、ノーベル賞で農学部に⑤先を越されるのを恐れたのであろう。

その他にも数人の候補者がいたことが確認されているが、いずれも受賞にまでは行き着かなかった。日本人で最初のノーベル賞受賞者は、戦後の１９４９年に物理学賞を受賞した⑥湯川秀樹まで待たなければならなかった。

◐ 戦後のノーベル賞受賞者

戦後は、現在のところ、自然科学分野で９人がノーベル賞を受賞している。その一覧と研究業績を示したのが表５である。この中には、利根川進、野依良治、小柴昌俊のように、長年の間受賞が⑦本命視されていた者もいれば、福井謙一、白川英樹、田中耕一のように、ほとんどノーマークだった者もいる。

江崎玲於奈は、⑧半導体超格子理論で、２度目のノーベル賞を狙える位置にある。田中耕一は、学士号しか持たず、アメリカの大学への留学経験もなく、企業研究員、すなわち普通のサラリーマンにもかかわらず、ノーベル賞を受賞したことが大きく話題となった。

---

① 誤謬 : 오류, 그릇됨
② 風説 : 소문, 풍문
③ まかり通る : 통용되다, 통하다.
④ 鈴木梅太郎 : 1874～1943년 농예화학자, 1910년 비타민B1을 발견
⑤ 先を越す : 앞지르다.
⑥ 湯川秀樹 : 1907～1981년 이론 물리학자, 1949년 노벨 물리학상 수상
⑦ 本命視 : 우승후보
⑧ 半導体 超格子理論 : 반도체초격자이론

2002年	田中耕一(化学賞)	「生体高分子の同定および構造解析のための手法の開発」たんぱく質などの生体高分子を①簡便に特定する手法を開発し、新薬の開発に革命をもたらしたほか、がんの早期診断などの可能性を開いた。
2002年	小柴昌俊(物理学賞)	「天体物理学、特に②宇宙ニュートリノ出への貢献」 東京大宇宙線研究所が岐阜県神岡町に設けた③素粒子観測装置カミオカンデ(３０００トンの純水をためた装置)の建設計画を主導し、１９８３年の完成後、宇宙を構成する基本粒子の一種で、正体不明だったニュートリノを観測する体制を整えた。 １９８７年に、地球から１７万光年離れた大マゼラン星雲で起きた超新星爆発により放出されたニュートリノを初めてとらえ、なぞに包まれていた星の終末・超新星爆発を詳しく分析することに成功した。
2001年	野依良治(化学賞)	「キラル④触媒による不斉水素化反応の研究」、有機化合物の合成法発展に寄与。
2000年	白川英樹(化学賞)	「伝導性高分子の発見と開発」を行い、分子エレクトロニクスの開発に⑤先鞭を開いた。
1987年	利根川進(医学・生理学賞)	「多様な抗体遺伝子が体内で再構成される理論」を実証し、遺伝学・⑥免疫学に貢献した。
1981年	福井謙一(化学賞)	「フロンティア電子軌道理論」を開拓し、化学反応過程に関する理論の発展に貢献した。
1973年	江崎玲於奈(物理学賞)	半導体・超電導体トンネル効果について研究し、エサキダイオードを開発した。
1965年	朝永振一郎(物理学賞)	「超多時間理論」と「くりこみ理論」で有名で、量子電磁力学分野の基礎的研究につくした。
1949年	湯川秀樹(物理学賞)	陽子と中性子との間に作用する核力を⑦媒介するものとして、中間子の存在を予言した。

■ 表5 ノーベル賞(自然科学分野)を受賞した日本人 ・Copyright (C) 2000 東北大学学際科学研究センター

---

① 簡便(かんべん) : 간편
② 宇宙(うちゅう)ニュートリノ(neutrino<라틴어 neuter) : 우주 중성미자(中性微子)
③ 素粒子(そりゅうし) : 소립자
④ 触媒(しょくばい) : 촉매
⑤ 先鞭(せんべん) : 앞지름, 선수
⑥ 免疫学(めんえきがく) : 면역학
⑦ 媒介(ばいかい) : 매개

受賞年	受賞者名	分　野	特許出願先		
			日　本	米　国	欧　州
2002	田中・耕一	化学賞	12	1	1
	小柴・昌俊	物理学賞	0	0	0
2001	野依・良治	化学賞	167	40	72
2000	白川・英樹	化学賞	33	9	4
1987	利根川・進	医学・生理学賞	3	9	3
1981	福井・謙一	化学賞	3	9	3
1973	江崎・玲於奈	物理学賞	19	33	23
1965	朝永・振一郎	物理学賞	0	0	0
1949	湯川・秀樹	物理学賞	0	0	0

■ 表6日本人ノーベル賞受賞者(自然科学分野)の特許出願件数
2002年10月までに出願公開又は登録された件数（発明者として特許出願等に関わった件数）: 特許庁調べ

表5、表6を見ると、日本のノーベル賞受賞者は、当初は基礎科学研究に従事していた者が多かった。これは、戦後間もない日本は①物資が不足していた時代で、②大掛かりな実験を必要とする研究などできなかったので、紙と鉛筆さえあれば計算できる基礎科学が、日本で発達したからである。ノーベル賞の受賞対象も、基礎科学研究である原理原則の発見、真理の発見を受賞対象としていたので、戦後の日本の研究事情はそれとマッチしていた。湯川秀樹、朝永振一郎の受賞はまさにその結果であった。

しかし、戦後の経済成長の過程で、研究者の研究成果を活用し、その産業界への③移転を通じて、日本経済の発展に貢献することが求められていった。そのため、基礎研究よりも

---

① 物資 : 물자
② 大掛かり : 대규모
③ 移転 : 이전

応用研究が重要視された。したがって、日本のノーベル賞受賞者数は、経済成長に比例して伸びるというわけにはいかなかった。「日本のノーベル賞受賞者数が国力に比して少ない」と長年言われ続けてきたのも、そのためであった。

だが、近年のノーベル賞の受賞対象は、応用研究にまで広がってきた感がある。そのため、日本の研究者にも受賞チャンスが大きく広がってきたといえよう。特に、２０００年に白川英樹、２００１年に野依良治、２００２年に田中耕一と、日本人が３年連続してノーベル化学賞を受賞した。表6を見ると、彼らの①特許出願件数はかなりの数に上っているが、そのことからも、ノーベル賞の対象が応用研究にまで及んでいることが②読み取れる。

一方、かつての研究といえば、一人の研究者が研究室にこもって③コツコツと研究をするというイメージであったが、近年は研究も大掛かりなものとなり、多くのヒト、カネを必要とするようになった。そこにおいては、チームワークが大切な要素となり、また国や会社から予算をいかに多く獲得するかということも、重要となってきた。つまり、ただ研究をしていればよいというのではなく、マネジメント能力も必要となってきた。田中耕一は企業人の一員として、まさにチームワークによってノーベル賞を獲得したといってよい。また、小柴昌俊は、マネジメント能力に優れており、多くの同僚研究者や学生を統率する能力に長けていた。それが、彼をノーベル賞の受賞へと④導いたといえよう。

ところで、政府は、２００１年度から始まった第二期科学技術基本計画で、今後５０年間で少なくとも３０人のノーベル賞受賞者を輩出するという目標を掲げた。ノーベル賞の受賞業績が応用科学に近づいていること、また、近年の研究が大掛かりなものとなり、日本人の得意とする協調性が必要とされるようになってきたことから、この目標のクリアも夢ではないかもしれない。

---

① 特許出願件数 : 특허출원건수

② 読み取れる : 간파되다, 읽고서 이해되다.

③ コツコツ : 꾸준히, 지멸있게

④ 導く : 인도하다, 이끌다, 길잡이 하다.

◐ フィールズ賞

ノーベル賞には数学賞がない。そこで、カナダの数学者Ｊ．Ｃ．フィールズ(Fields)が提案して、１９３６年に生まれた賞がフィールズ賞である。ただし、賞の授与は四年に一回、それも４０歳未満という年齢制限がある。四年に一度開かれる「国際数学者会議」(International Congress of Mathematicians, ①通称ＩＣＭ)で授与される。

またノーベル賞が、近年は長年その分野に貢献してきた人に与えられる②色彩が強くなりつつあるのに対して、フィールズ賞は、その年までに偉大な発見をして、今後も長年数学の研究に貢献する見込みのある研究者にしか与えられないことになっており、その受賞はノーベル賞以上に難しいともいわれている。

1954年	小平邦彦氏	③調和積分の研究
1970年	広中平祐氏	④複素多様体の特異点に関する研究
1990年	森重文氏	代数多様体の極小モデルに関する研究

■ 表７フィールズ賞受賞者　・奈良県立御所高等学校の資料を基に作成

なお、日本人の過去の受賞者は、表７の通りである。

◐ 京都大学

ノーベル賞とフィールズ賞の受賞者１２人のうち、京都大学の⑤出身者が、湯川秀樹、朝永振一郎、福井謙一、利根川進、野依良治、広中平祐、森重文と、計７人にも上っている。

その他、江崎玲於奈は旧制三高(京都)の出身、田中耕一は京都の島津製作所勤務と、京都に関係した人が多く受賞していることは、しばしば話題となる。

一方の東京大学の出身者は、江崎玲於奈、小柴昌俊、小平邦彦の３人、その他、白川秀樹は東京工業大学、田中耕一は東北大学の出身である。

① 通称 : 통칭
② 色彩 : 색채
③ 調和積分 : 조화적분
④ 復素多様体 : 복소다양체
⑤ 出身者 : 출신자

■ 北里柴三郎

■ 野口英世

学問の大きな業績というのは、常に非主流の中から生まれ、それが主流にとってかわっていくものである。このような非主流的な学問的風土を生み出すのに、東京から離れた京都にある京都大学の自主・自由を重んじる①学風が適している、という指摘もある。

■ 湯川秀樹を語る野依良治

■ 利根川進

■ 田中耕一

■ 小平邦彦

■ 広中平祐

■ 森重文

③ 科学への関心

表8、表9を見ると、日本人の多くが科学技術に対して無関心である。これは、将来の科学技術の発展を考えると、②憂慮すべき事態である。一般市民の科学に対する無関心が、子供の科学の無関心につながっている。

この原因としては、3つの点が考えられる。

まず、アメリカはともかくとして、日本は他の欧米先進国に比べると、職業を決める③選択肢が多岐にわたっていて、科学に関係する職業にこだわらなくても、収入を見込め、かつ夢のある職業が多く存在することがある。

次に、他の欧米先進国とは異なり、日本は非ヨーロッパ系の言語を話す国民であるので、言語上のハンディが大きい。そこで、国民の関心はまず英語教育の④充実に向けられ、理科系教育に関心があまりいかないことにある。

第3に、日本の理科系教育のレベルが高いので、かなり落ちこぼれる生徒が生じていることが挙げられる。逆に言えば、日本で科学に関心があると答えた生徒は、科学に関する

---

① 学風(がくふう) : 학풍
② 憂慮(ゆうりょ) : 우려
③ 選択肢(せんたくし) : 선택지
④ 充実(じゅうじつ) : 충실

かなりの知識を有しているといえよう。

それらの悪条件にもかかわらず、日本の科学技術は高度なレベルを維持している。これは、高校①教諭の的確な進路指導によるところが大きい。高校教諭は、生徒に安易に理科系大学への進学を勧めることはしない。

ただ単に数学や理科が好きだとか、文科系の科目より理科系の科目の方が成績がいいとか、その程度の生徒には理科系は勧めない。

理科系科目のすべてにおいて一定水準以上の成績に達しているのはもちろんのこと、日常の生活態度も②勘案し、総合的に判断した上で理科系を勧める。だから、日本の理科系大学の学生は、入試前に既に③ふるいにかけられていることになる。このようなステップを経た学生たちが入試に④挑むわけだから、かなりハイレベルな競争となる。そして、それに勝ち残った学生のみが、入学後、ハードなカリキュラムをこなして卒業していく。彼らの多くは卒業後、企業研究員として日本の科学技術の発展に貢献する。田中耕一は学士の資格で、一企業研究員として、ノーベル賞を獲得したことで話題となった。

とはいえ、国民の科学への無関心は問題である。地球環境問題がクローズアップされている中、国民を科学に目を向けよう、文科系志望者に対する教養のための理学科教育にも⑤配慮がなされるべきであろう。

一方、２１世紀の科学は、日本人の国民性にマッチした方向に進みつつある。例えば、ニュートンの⑥万有引力の法則に代表される近代物理学の公式は、マクロの部分では当てはまるのだが、ミクロの部分では十分に説明しきれないことが判明してきた。ミクロの部分では、多くの要素が相互に⑦干渉しあって複雑に⑧絡まっており、その複雑なものをあるがままにうけいれようという「複雑系」という学問分野が登場してきた。つまり、自然科学の対象はすべてが公式化できるわけではない。したがって、物事の白黒をすべてはっきりつけようとするのではなく、曖昧なものをそのまま受け入れることに慣れた日本人にとって、現在の科学の流れは⑨追い風になっていて、今後に大いに期待が持てるところである。

---

① 教諭 : 교사, 정교사
② 勘案 : 감안
③ ふるい : 체「ふるいにかける 체로 치다, 체질하다, 우수한 것만을 가려내다」
④ 挑む : 도전하다, 덤벼들다.
⑤ 配慮 : 배려
⑥ 万有引力 : 만유인력
⑦ 干渉 : 간섭
⑧ 絡まる : 얽히다.
⑨ 追い風 : 순풍

第2章 現代日本社会

第9節・日本の大衆文化

① Jポップ

② マンガ・アニメ・ゲーム

第9節・日本の大衆文化

① Jポップ

日本のポップミュージック(Jポップ)はアジアの若者の間で人気がたかく、特に香港(ほんこん)・台湾(たいわん)・韓国で①熱狂的に受け入れられている。

1997年5月に②小室ファミリーの初めての台湾公演があった。二日間の公演で台北のサッカー場に4万人以上の若者を集めることが出来たという。ところで、これほどまでの小室の人気は、台湾でどのように③培われてきたのだろうか。

小室作品をアジアで展開するための戦略会社(せんりゃくかいしゃ)に④ROJAMがある。小室がROJAMを作ったのは1998年だった。ROJAM設立に先立つ台湾公演は、小室が自分の実力を計るために、大赤字を出しながら決行したのだとも伝えられている。

つまり、アジアで積極的なプロモーションを始める前から、小室は台湾で人気があったということだ。

小室の台湾公演のケースに限らず、日本の音楽業界は、90年代の後半までアジアでは目立ったプロモーションをしてこなかったといってよい。プロモーションもしないのに日本の人気アーチストがアジアでも大人気になることの背景には、衛星放送やカバー曲に加えて、アジアの国々に⑤くまなく流通(りゅうつう)しているいわゆる「海賊盤」の音楽CDの「功績(こうせき)」もある。 その点は、「海賊盤」を目の敵にしている日本の音楽業界とて、認めざるを得ないだろう。

アジアの国々では、音楽CDの⑥「海賊盤」が100円前後という値段で売られている。最近のパソコンを使えば、音楽CDのコピーは素人でもたやすい。

しかも、カラープリント技術が進んだので、音楽CDのラベルや⑦ジャケットもカラーできれいにコピーすることができる。正規盤か「海賊盤」か、素人目には分からないような音楽CDも増えてきている。「海賊盤」 音楽

---

① 熱狂的(ねっきょうてき) : 열광적
② 小室(こむろ) : 1990年代中盤의音楽을 자기 마음대로 작곡한 프로듀서
③ 培(つちか)う : 배양하다.
④ ROJAM : (Entertainment Holdings Limited)종합Entertainment 회사이며, 日本・中国・香港・台湾・韓国등의 아시아 전역에 사업을 전개하고 있다.
⑤ くまなく : 남김없이, 구석구석 모조리
⑥ 海賊版(かいぞくばん) : 해적판
⑦ ジャケット : 윗도리, 레코드의 포장지

CDの種類は大変豊富で、アジアの大都市に行けば、Jポップの人気アーチストのアルバムは、ほとんど全部「海賊盤」で手に入る。

それでも近年は規制が厳しくなったので、「海賊盤」は、以前よりもはるかに入手しづらくなっているという。

■ 日本レコード大賞 (昭和 34年 第 1回 사용)

ところで、発展途上国の音楽市場での「海賊盤」 音楽CDには、権利者側が決して口にしない、たいへんなメリットがある。それは、①労せずして外国の市場が②開拓されることである。Jポップのアジアの広がりは、お金をかけなくてもアーチストのプロモーションはできるという、③革新的なビジネス・モデルの成功例を示しているのだ。

つまり、実力のあるアーチストの作品は、ときには「海賊盤」やカバー曲という形をとりながらも、放置しておいても民衆の間に広がる。

業界は人気が出た後で、その規制に乗り出せばよいのである。

そうような、「海賊盤」やカバー曲を暗を認め、プロモーションに大金を投じないビジネスモデルがあり得ることを、音楽業界はすでに知っている。しかし、それを認めることは、一貫して著作権の強化を訴えてきた業界の建前や主張の④根拠を⑤破壊する。

目の前に開かれた音楽ビジネスの新パラダイムを業界はすぐに認めるわけにはいかないのだ。

1980年代後半から、日本音楽界の新たな1つの大きな流れとしてロックが流行していた。 かつて、天才ギタリスト⑥布袋寅泰が率いていた⑦BOOWYというバンドが、80年代末まで若者の間で爆発的な人気を集めており、その勢いを受け継いだXJAPANの⑧Yoshikiや⑨Hideが、ビジュアルロックに脈をまた引き継いだのだ。

---

① 労せず : 고심하지 않고, 애쓰지 않고
② 開拓する : 개척하다.
③ 革新的 : 혁신적
④ 根拠 : 근거
⑤ 破壊する : 파괴하다.
⑥ 布袋寅泰 : 일본 굴지의 록·기타 리스트 겸 싱어
⑦ BOOWY : 1981년 결성~1988년 해산
⑧ Yoshiki : 원래 X Japan의 리더였다.
⑨ Hide : X Japan 그룹의 한사람(故)

日本のビジュアルロックは、韓国でも早くから若者の間で人気を集め、韓国内で本格的に日本音楽ブームを起こした張本人だ。 男女の区分もし難い、濃い化粧—いや、化粧というより①扮装に近いと言える—非現実的な②特異な③衣装に、優れた演奏力と共に見せた強烈なパフォーマンス。実存するというよりむしろ想像の中の人物のように感じられる。

日本で最初にビジュアルロックを成功させたバンドは、天才ドラマーYoshikiが率いる伝説のバンドX(X-Japanという名前に変えたのは1993年から)。 彼等は自らがビジュアルロックであると④名乗りを上げ、本格的にこれを大衆化させた。リーダーでありドラマーのYoshikiが作ったExTASYレーベル(ビジュアルロック専門レーベル)出身のバンド(ビジュアルロック専門レーベル)出身のバドLuna sea やGlayが、1980年中盤から1990年中盤に⑤至るまでXと共に高い人気を集め、ビジュアルロック全盛期を迎えた。

この頃から、歌手の衣装とパフォーマンスを真似た⑥コスプレが流行し始め、日本特有のアニメーション音楽と共に、非現実的な音楽世界を⑦繰り広げることで、多くの若者の憧れの対象となった。しかし、これらのバンドは次々解散、現在⑧正統的なビジュアルロックを固守しているバンドはごく少数のみが残り、ライブハウスなどでみることが出来る。

以前のメジャー級ビジュアルバンド達は、時代が変わるにつれ、次第にその性格も変わって行った。大きく変わっても現在に至るまで、その名声を⑨維持し人気を集めている代表的なバンドは、GlayやL' Arc-en-Ciel

---

① 扮装 : 분장
② 特異 : 특이
③ 衣装 : 의상
④ 名乗り : 자기이름을 대다. 실명
⑤ ~に至るまで : ~이르기 까지
⑥ コスプレ(costume play) : 만화영화의 캐릭터를 옷에서부터 소도구까지그대로 모방하는 것
⑦ 繰り広げる : 전개하다, 벌리다.
⑧ 正統的 : 전통적
⑨ 維持 : 유지, 지탱함

である。かつてのように濃い化粧や中性的な衣装ではないが、さらに発展した音楽性で、日本のビジュアルロックの歴史を継いでいっている。

一方バンドを解散し、ソロで活動を続けているアーティスト達もいる。BOOWYのボーカル・①氷室京介や、ギタリスト・布袋寅泰、Malice Mizerのボーカル・Gackt、韓国でもソロ公演を開き話題になった元Luna Sea のボーカル・②河村隆一がその代表的アーティストだ。

■ 第 17 回 日本レコードディスク大賞

日本では以前ほどではないとしても作品を発表するのはシングル中心だ。アルバムは先行シングルの曲を中心に組まれ、後に評判の良い曲をシングルとして③リカットしたりもする。日本はシングル曲中心の文化なのでベストアルバムがバカ売れするのもそういった背景があるからだろう。日本の「合理的」だが、④「粗製濫造」の音楽業界である。

絶対に消えることのないビッグスター、大物歌手—実力 派軍団 日本の大衆歌謡、⑤既ち、J-POPを支えている世代、第1世代であり、少なくともデビュー約15年以上になるオールド・アーティスト達。⑥概ね1970年代から登場し、今現在も活発なコンサート活動とアルバム作業を展開している。⑦根性あるアーティスト中のアーティスト達だ。新しいアルバムが発表されるごとに話題になるのはもちろん、CD販売量も常に上位権が定位置である。これはマニア水準の⑧筋金入りのファンが多く、性別と年齢の区分なしに、多くの人に愛されているからだ。⑨サザンオールスターズの公演は家族みんなで楽しめることでも有名である。日本音楽の精神的支えとも呼ばれている彼等は、既に韓国でも広く知られている。

---

① 氷室京介 : BOOWY의 멤버로서 82년 데뷔

② 河村隆一 : 자기도취형의 스타 개인주의를 관철하는 音楽界만의 이단아(異端児)

③ リカットする : 재편집하다.

④ 粗製濫造 : 조제품을 마구 만듦

⑤ 既ち : 즉, 곧, 필경, 바꿔 말하면

⑥ 概ね : 대강, 개략, 대체로, 일반적으로

⑦ 根性 : 근성, 본성, 근본, 성질

⑧ 筋金入り : 완강함

⑨ サザンオールスターズ : 日本 서해안 지역의 湘南을 베스트로 70年代에 데뷔한 이래, 제나제 일선에서 무대를 끌어온, 오리지널 멤버인 체로 활동을 계속하는 기적의 멤버 밴드

そしてチャゲ&飛鳥は、ドラマ「101回目のプロポーズ」の主題歌「Say Yes」をヒットさせ、既に何回も韓国公演を①大盛況のうちに終わらせている。また、サザンオールスターズや尾崎 豊、②TUBE等の曲は以前から韓国語にリメイクされてもいる。

第一世代の音楽性を次ぐ世代の実力派としては、来韓公演も行った人気グループ、スピッツを初め、国民的バンドMr. Children、女性ボーカルバンドのDreams Come True、万能タレント③福山雅治、以前から大衆に人気の高いJ-POPの代表的アーティスト達がいる。

かわいい！かっこいい！アイドル軍団の代名詞であるジャンニーズは幼い頃オーディションで選ばれたり、スカウトされて育成されて来た専門芸能人である。彼等は歌だけでなく演技、コメディ、モデル、MCなど、様々なエンターテインメント分野で活動している。

彼等がJ-POPの１ジャンルとして区分される理由のうちの１つを、④まさしく日本の国民的スターSMAPの存在が⑤物語っている。

SMAPは、日本のオリコンチャートに常に登場する、J-POPを代表する歌手だ。彼等は、日本のトップスター・木村拓哉が属するグループとして、アイドル軍国の中でも最も有名だ。ジャニーズ事務所のナンバーワンだ。

---

① 大盛況(だいせいきょう) : 대성황

② TUBE : 日本 여름의 기본상품으로 계속 사랑받아온 몬스타 벤드

③ 福山雅治(ふくやままさはる) : 배우로서 TV드라마 출연, CM출연, 라디오DJ. 1969년 2월 6일생長崎県(ながさきけん)출신, O형

④ まさしく : 확실히, 바로, 틀림없이

⑤ 物語る(ものがたる) : 이야기를 하다. 말하다. 말해 주다.

小学校に上がる前からレッスンを受ける、ジャニーズ・Jr. のアイドルスター達は、各分野で才能を認められれば、その時から本格的にソロやグループに①編成され活動するようになる。去る2000年、タッキーという愛称でトップスターの座に上った滝沢秀明は、第2の木村拓哉の有力候補として現在同じジャニーズ所属の人気スター、②今井翼とのデュエットでアルバムを発表し、大人気となっている。

これに対抗する女性アイドル軍団は、つんくが育てている。シャ乱Qというバンドのメンバーであったつんくは、先述のプロデューサー・小室哲哉をブランド化させたテレビ番組「ASAYAN」を③引き継ぎ、特に幼い女性アイドルを対象に、商業性の優れた音楽を制作、企画力あるプロデューサへと変身した。

1990年中盤、総メンバー5人で構成されたモーニング娘は、元々オーディションに④脱落したメンバー達を集めて⑤敗者復活方式で作ったグループだったのだが、意外にも反応が良く、今の⑥華やかな記録を残すこととなった。

最近の男性アイドル歌手の顔を見ると、とても男とは信じられないほどきれいな顔に⑦ほっそりした⑧身体にきれいな声をしてぃて、少しくらい⑨音痴でも許されてしまう。

---

① 編成する : 편성하다.
② 今井翼 : 生年月日・1981/10/17 血液型・A型　出身地・神奈川県
③ 引き継ぎ : 뒤를 이음, 인계
⑤ 敗者 復活 方式 : 패자부활방식
⑥ 華やかだ : 화려함, 유난히 뛰어남
⑦ ほっそり: 홀쭉한 모양, 가느다란
⑧ 身体 : 몸, 신체, 육체
⑨ 音痴 : 음치

日本で最も大きく、売れているレコード会社と言えば、Chemistry、TUBE、①中島美嘉、②平井堅等が所属しているソニー・ミュージックエンターテイメントがある。今ももちろん大企業として、多くの有名アーティスト達の音盤を制作しているが、現在最も勢いのあるレコード会社と言えば、エイベックスになるだろう。

エイベックスは元々、小さなベンチャー企業としてスタートし、自由な雰囲気と流動性で、③既存の大企業レコード会社に比べ、より一層アーティストの音楽性を重視する、新しい企画力を持つレコード会社であり、高いエンターテインメント性で知られている。常に④最先端の音楽を発表し、クロスオーバーなど1つのジャンルにとらわれない、⑤多彩なクラブミュージックがその柱となっており、徐々にロック、HipHop、R&B、アニメゲーム音楽など、アーティストの範囲を拡張し続けている。

エイベックスが決定的に有名になったのは、浜崎あゆみの功が大きいと言える。

---

① 中島美嘉 : 歌手1983년 2월 19일생 鹿児島県出身
② 平井堅 : 1972년 大阪府출생, 三重県에서 성장, A형
③ 既存 : 기존
④ 最先端 : 최첨단
⑤ 多彩だ : 다채롭다, 가지각색, 화려함

①安室奈美恵からバトンタッチされ、若者の②トレンドを引っ張るスターとして、現在までの女子高生文化を創ってきた。

その他、小室ファミリーの代表である 安室奈美恵に始まり、Every Little Thing, DaPump、Do Asinfinity, BoAなど、現在のJ-POPのトップアーティストの多くが所属している。

また、1990年代後半から、韓国、香港、台湾などで同じ系列の会社を作り、アジア進出に目を向け、2000年11月には韓国のSMエンターテインメントとライセンス③契約を結び、日韓音楽交流にも重要な④架け橋の役割を担っている。

J-POPのメロディは、どことなく⑤似通い⑥つつも、大変日本的なものである。韓国歌謡の大部分の人気曲が、トロット(日本でいう演歌)のメロディーを持つように、日本の大衆歌謡も、オリジナルポップスとはかなり⑦異なる、日本的なメロディーを持っているのだ。

しかし、これが⑧崩壊したのは1999年 、宇多田ヒカルが「Automatic」で、約3ヶ月以上もオリコンチャートの1位となってからのことだ。

アメリカ生まれの⑨宇多田ヒカルがもたらした、R&B。 そしてそれにルーツをおいて発展したHipHop、レゲエ、スカファンクの相次ぐ⑩熱いブーム。 日本音楽のテリトリーは変わり始めた。英語の発音もカタカナ式からオリジナルに変わり、歌手の⑪歌唱法も、演歌式バイブレーションからR&B式に変化した。

代表的な歌手には、デビュー当時18歳という年齢が信じられなかったほどのR&B歌

---

① 安室奈美恵(あむろなみえ) : 가수, 1977년 9월 20일 생 沖縄県那覇市(おきなわけんなはし)출신, 혈액형 : O형
② トレンド(trend) : 방향, 경향, 유행
③ 契約(けいやく) : 계약
④ 架け橋(かけはし) : 사다리, 중개자, 매개
⑤ 似通い(にかよい) : 서로 비슷함, 닮은 데가 있음
⑥ 〜つつ : 동사, 동사형 활용의 조동사의 연용형에 접속하여 동작 작용의 계속 상태를 나타낸다.
⑦ 異なる(こと) : 같지 않다. 다르다.
⑧ 崩壊(ほうかい) : 붕괴
⑨ 宇多田(うただ)ヒカル : 가수
⑩ 熱いブーム : 熱風(ねっぷう)(열풍)
⑪ 歌唱法(かしょうほう) : 가창법

唱法を身につけた小柳ゆき、Misia、そして倉木麻衣、甘いボーカルの美男デュエットChemistory、純日本人ながらもルックスはMade In Americaな平井堅、そしてパンクとHipHopの①絶妙な調和を見せ、日本のHipHopに革命を起こしたDragon Ash等がいる。

日本の音楽ジャンルは大変多様であり、各ジャンル別に発展してきた。これらは昔から定着されてきた社会システムと、②開放的でグローバルな③音楽市場、優れた施設を持つ数多くの公演会場、豊富な楽器事業とエンターテイメント事業など、各分野ごとに体系がしっかり④構築しているためだろう。

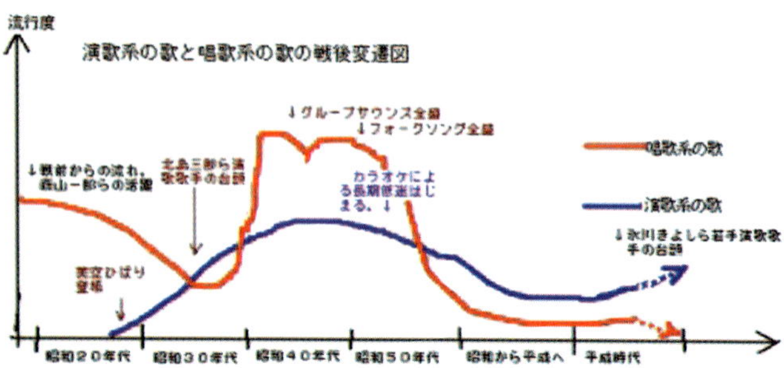

■（参考）

② マンガ・アニメ・ゲーム

漫画・アニメ・ゲーム

1963年にアメリカで⑤手塚治虫の「⑥鉄腕アトム」（アメリカでは「アストロボーイ」）が全米ネットで⑦放映され、子供たちの人気を得た。

しかし、残念なことに、この漫画が同時に出版されるも、⑧体裁が全くアメリカンコミックスの形を取っていて、読者（視聴者）はこの原作者が日本人だと思うことはまるでなかったということだ。だが、やはりこれが日本アニメの⑨突破口となり、徐々にだが日本アニメはアメリカに進出していった。

海外での映像関係者、特にアメリカの業界人に、日本のアニメーションの特徴を聞くと、必ず帰ってくる答えはこうだ。「アメリカのアニメーションは子供のものだが、日本のアニメーションは大人のもの」。しかし、その海外では、大人が子供と一緒にアニメーションを見るということはあっても、大人だけでアニメーションを見るということは希であろう。

---

① 絶妙(ぜつみょう) : 절묘
② 開放的(かいほうてき) : 개방적
③ 音楽市場(おんがくしじょう) : 음반시장
④ 構築(こうちく) : 구축
⑤ 手塚治虫(てづかおさむ) : 만화가, 의학 박사. 1928～1989년, 일본의 만화가의 신이라고 함
⑥ 鉄腕(てつわん) : 무쇠 팔
⑦ 放映(ほうえい) : 방영
⑧ 体裁(ていさい) : 외견, 체면, 꾸밈, 겉만 꾸미다.
⑨ 突破口(とっぱこう) : 돌파구

日本の大人が漫画を読んでいるのを外国人が①奇異に感じるのも、同じことだ。「アニメーションは大人の表現でもある」という日本からの声は、海外の業界人には届いていても、一般の人々に②浸透するまでには至っていない。

アメリカで日本のアニメが広まったのは、最初マニアの間だけであった。それが次第に③幅広い年齢層に受け入れられるようになったのは、いくつかのアニメにそれぞれの年齢層がついてきたからだった。「セーラームーン」が女性獲得の扉を開き、「ふしぎ④遊戯」「少女革命ウテナ」がその道を作った。

「AKIRA」「EVANGELION」それに前述の「もののけ姫」はその世代にも受け入れられた。

⑤大友克洋の『AKIRA』(1988年)は世界に向かって、アニメーションは子供の専有物ではなく、大人のための表現にもなりうるのだということを宣言した映画だった。⑥単純化して大人と言っているが、ここでは、小学生くらいまでの子供以外を対象にしたものを指し、正確には「子供向けではない」といった方が正しいかもしれない。

「もののけ姫」はアニメが大衆向けのくだらないものでもなく、⑦成熟したアートの様式として考慮されるべきメディアであることを⑧きっぱりとアメリカの映画評論家達に知らしめたのである。

そして子供の心をつかんだのは⑨紛れもなくあの有名な「ポケットモンスター」である。

日本の漫画が成功した理由は、優れたアニメーション技術、漫画を海外に進出させた人たちの努力も大きいが、何よりも内容が日常的、現実的であり、思いがけない展開を見せることにある。

① 奇異 : 기이, 기괴하고, 이상한 모양
② 浸透する : 침투하다.
③ 幅広い年齢層 : 폭넓은 : 연령층
④ 遊戯 : 놀이, 유치원 초등학교 등에서 운동과 오락을 목적으로 일정한 방법으로 행하는 놀이
⑤ 大友克洋 : 만화가. 宮崎県출신, 1954.4.14일 생. A형
⑥ 単純化 : 단순화
⑦ 成熟する : 성숙
⑧ きっぱり : 분명히, 똑똑히, 확고히, 단호하게
⑨ 紛れもなく : 틀림없이

日本の漫画は①「超長編」が多くて、しかも表現方法が多様なため、まるで映画や小説のような効果が出せる。

②宮崎駿監督③「千と千尋の神隠し」は、2002年のベルリン映画祭で初のアニメ作品としてグランプリを獲得し、2003年のアカデミー賞長編(ちょうへん)アニメ部門でもオスカーを得た。

97年カンヌ映画祭(えいがさい)では④今村昌平監督の「うなぎ」がグランプリに、⑤河瀬直美監督の⑥「萌の朱雀」が新人賞に輝(かがや)いた。98年ベネチア映画祭では⑦北野武監督の「HANA-BI」がグランプリを獲得した。これら作品に共通(きょうつう)するのは、いずれも現代日本のありのままの姿を描いている点である。

むろん評論レベルばかりではない。2002年の世界の⑧検索サイトで検索ワードの第1位は「ドラゴンボールZ」であった。

---

① 超長編(ちょうちょうへん) : 초 장편

② 宮崎駿(みやざきはやお) : 영화감독, 만화영화 작가, 1941.1.5일 東京都(とうきょうと)생

③ 千(せん)と千尋(ちひろ)の神隠(かみかく)し : 만화영화 제목

④ 今村昌平(いまむらしょうへい) : 영화감독

⑤ 河瀬直美(かわせなおみ) : 영화감독. 1969.5.30. 奈良県奈良市(ならけんならし)출신

⑥ 萌(もえ)の朱雀(すざく) : 책이름

⑦ 北野武(きたのたけし) : ビートたけし가 감독으로서 영화를 제작할 때 주로 사용하는 이름

⑧ 検索(けんさく)サイト : 검색 사이트

ありのままの日本が欧米に受け容れられているのは、カブキ、スモウ、ゲイシャといった旧来(きゅうらい)のエキゾチシズムやオリエンタリズムとは様相(ようそう)を異にしている。そしていま日本のポップカルチャーが示す①伝播力(でんぱりょく)、浸透力(しんとうりょく)、影響力は、かつて②浮世絵が③印象派の誕生に与えた刺激(しげき)よりもはるかに大きいと考えられる。

ハリウッドでは「ルパン3世」や「ドラゴンボール」「鉄腕(てつわん)アトム」といった日本の人気漫画の④実写映画化がいま着々と進行中。今年のカンヌ映画祭のグランプリに選ばれた韓国映画も日本の漫画が原作だ。

日本発の産業(さんぎょう)として競争力を発揮しているマンガ、アニメ、ゲームは世界のメディア・エンタテイメント市場の1／3を占めるという。

マンガ・アニメゲームはいわば兄弟(きょうだい)の関係にある。マンガは60年代に日本で特異な発達(はったつ)をみせ、70年代に現在のビジネスモデルを⑤確立した。アニメはマンガ表現を⑥土台

---

① 伝播力(でんぱりょく) : 전하여 지는 힘
② 浮世絵(うきよえ) : 에도 시대의 풍속을 그린 그림
③ 印象派(いんしょうは) : 인상파
④ 実写映画化(じっしゃえいがか) : 실사 영화화
⑤ 確立(かくりつ) : 확립
⑥ 土台(どだい) : 토대

とし、テレビ、ビデオの発達とともに成長した。国際的にも80年代からの20年間で日本アニメは世界のテレビアニメをリードする存在であり、そのフィードバックによって、日本のマンガも国際的に認知されるようになってきている。

そして80年代に登場した家庭用ビデオゲームは、コンピュータの進化を背景に、そしてマンガ・アニメを表現の土台として、90年代に急成長した。コンテンツとゲーム機の双方が相乗的に高度化しつつ、マンガ・アニメをしのぐ世界市場を作り上げ、その大半を日本企業が担ってきた。

日本市場の①際立った特徴が、ジャンルの多様性と②細分化である。マンガは40年代後半の手塚治虫の登場と、大衆雑誌の登場により、子供を対象とした大衆文化として爆発的に普及した後、60年代後半、③白土三平、④つげ義春、⑤林静一らに代表される。手塚的な表現に対峙するような静的で、シリアスで、アート的、哲学的な、大人向けのマンガ表現が続々と登場した。

雑誌も、少年向け、少女向け、青年向け、若い女性向け、ビジネスマン向け、大人の女性向け、といった専門性が定着している。ポルノマンガもコンビニエンスストアなど一般の雑誌売り場で豊富に見られる。政府のPR、法令の解説書、家電の⑥取扱説明書もマンガでなされる。マンガ表現が広く浸透し、空気のような存在になっている。

アニメもアメリカとは異なる発達の道をたどっている。アメリカがハリウッド制作の劇場向けが中心であるのに対し、日本はテレビアニメが中心である。テレビアニメ同士を比較しても、アメリカは一話完結モノが多いのに対し、日本は連続長編シリーズが多い。

そしてジャンル面では、日本には大人向けアニメが多いという特徴がある。

大人も対象とするアニメは70年代から登場してきたが、80年代には作家や監督も注目されるようになり、宮崎駿、大友克洋、⑦押井守、⑧庵野秀明らはアーティストとして

---

① 際立つ : 눈에 띄다. 두드러지게 눈에 띄다.
② 細分化 : 세분화
③ 白土三平 : 만화가. 1932년 東京都 杉並区태생
④ つげ義春 : 만화가
⑤ 林静一 : 만화가. 1945.3.7. 中国東北部출생
⑥ 取扱説明書 : 취급 설명서
⑦ 押井守 : 영화감독. 19551년 東京都출신 동경학예대학 교육학부 미술교육학과 졸업
⑧ 庵野秀明 : 영화감독. 大阪芸術大学영상학과 중퇴. 1960년 생 山口県 宇部市출신

の名声が確立している。コアなファン層を対象に、SFや美少女ものなどのビデオアニメも市場を築いている。

ビデオゲームの発達は日米同時に始まったこともあり、まず80年代は、シューティング、アクション、スポーツなど日米共通のジャンルが成立していった。

だが90年代に入ると、マンガやアニメの影響が①色濃くなり、日本では多様なジャンルが発達していく。

ロール・プレイング・ゲーム、②格闘、リズムアクション、恋愛シミュレーション、歴史シミュレーション、キャラクター育成、対話ゲームなど、独特の表現文化と市場を③拓いていった。ゲームソフト市場は95年をピークに④減少傾向にあるが、ソフトの発売タイトル数はこの10年間で倍以上となっている。

このようにマンガ、アニメ、ゲームの市場は、多彩な層の⑤趣味を⑥きめ細かく⑦満たすよう広がってきた。同時にそれは、多様なジャンルを形成する幅広い作家群が存在することで成り立っている。

市場が多様化・細分化する一方、マンガ・ゲーム・アニメはひとまとまりの産業分野を形成している。特に、⑧ポップな視覚表現として先行していたマンガが基盤を形成している。

日本のテレビアニメは63年手塚治虫の「鉄腕アトム」(アストロボーイ)に始まり、当初からマンガを土台とした分野であった。現在もアニメ作品の60%がマンガを原作としている。

ゲームも当初は独自キャラクターによるものが中心であったが、90年代に⑨幼児・少年向けマンガ・キャラクターのゲーム化が進展した。逆の動きとして、アメリカでは「スーパーマリオブラザーズ」や「ソニック・ザ・ヘッジホッグ」のように、日本のゲームからアニメに展開した例もある。

キャラクター・コンテンツをマルチユースする、いわゆるメディアミックスの⑩典型例が「ポケットモンスター」である。ゲームソフトとして登場したポケットモンスターは、

① 色濃く : 진하게
② 格闘 : 격투
③ 拓く : 개척하다.
④ 減少傾向 : 감소경향
⑤ 趣味 : 취미
⑥ きめ細かい : 섬세한
⑦ 満たす : 충족시다.
⑧ ポップだ : 공통이다. 발랄하다.
⑨ 幼児 : 유아
⑩ 典型例 : 전형적

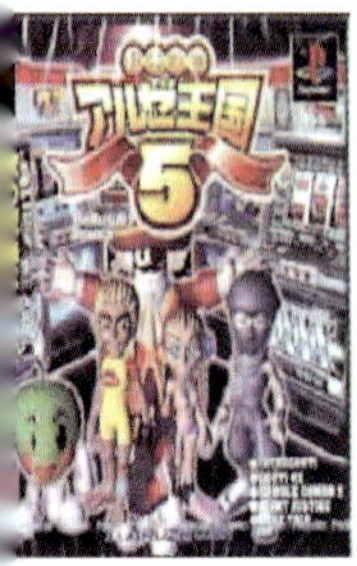

マンガ化されてからテレビアニメで世界的に大ブレイクし、劇場アニメ、カードゲーム、そしてぬいぐるみやオモチャへと展開していった。 その後、①出版社などのメディア産業が企画段階から世界市場をにらんでメディアミックス展開する作品をプロデュースする例が増えている。

このような状況を支える需要面は、大衆の、取り分けマニア(オタク)と呼ばれる②愛好者の層が中心をなしている。マニアとはいえ、ひとまとまりの市場を形作(かたちづく)る。 マンガ・アニメのオタクによるインディーズ作品の③即売会「コミックマーケット」(コミケ)は毎年④恒例のイベントだが、2002年8月⑤開催時には2日間で37万人が集まり、98億円を販売した。

Wカップの日本開催試合の入場料収入を上回る⑥規模である。

この「コミケ」からヒット作品のパロディや⑦「コスプレ」といった風俗(ふうぞく)が生まれ、またSF、美少女など現代日本マンガのコアというべきトレンドが形成されている。 消費者と生産者の双方が⑧混然となってマーケットを形成しており、マンガ出版社もこの⑨「コミケ」出品者(しゅっぴんしゃ)からプロになる才能を⑩探す。オタクは、先行市場の創造と、クリエイター予備軍(よびぐん)の創出という機能(きのう)を⑪併せ持つ。

---

① 出版社(しゅっぱんしゃ) : 출판사
② 愛好者(あいこうしゃ) : 애호자
③ 即売会(そくばいかい) : 즉석 판매 장
④ 恒例(こうれい) : 항례. 늘 정해 놓고 하는 의식. 행사
⑤ 開催時(かいさいじ) : 개최 시
⑥ 規模(きぼ) : 규모
⑦ コスプレ : コミケット(コミックマーケット의 약자) 만화, 만화영화 同人展示即売会 등의 이벤트에 가서 사진을 찍거나 하는 문화
⑧ 混然(こんぜん) : 융합되어 구별이 없는 모양. 성질이 원만한 모양
⑨ コミケ : コミケット(コミックマーケット의 약자) 만화, 만화영화 同人展示即売会
⑩ 探す(さがす) : 찾다.
⑪ 併せ持つ(あわせもつ) : (좋은 성질, 속성을) 겸비하다. 둘 다 갖추다.

補論 1

韓国の概況

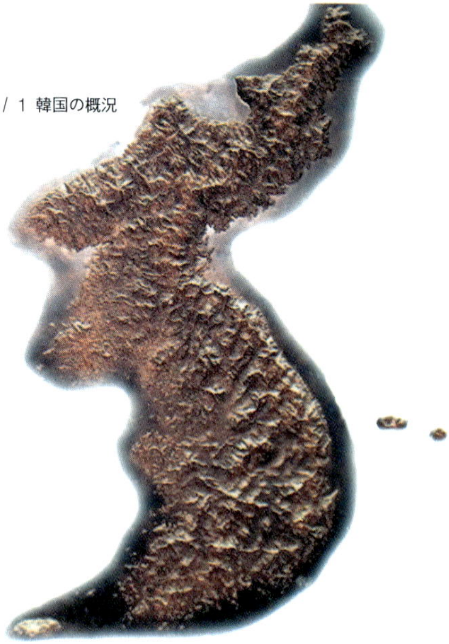

補論 1. 韓国の概況

◐ 韓国の現代政治

韓国の憲法は1948年7月に制定された。その後9回の改正を経ている。それらの改正での重要な①焦点は、大統領の任期、選出規定などであった。現行の憲法は1987年10月に②公布された。その憲法では、大統領を直接選挙で選出し、その任期を5年とすることが謳われている。また、この改正では、大統領の権限縮小、国会の権限及び司法の独立性の強化にも重点が置かれた。

韓国の行政府は、内閣及びその上に位置する大統領府である。韓国では、大統領はきわめて強力な権限を有している。大統領は、国軍の③統帥権を持ち、国務総理をはじめ、各長官(大臣)を任命し、国務会議(閣議)の議長も④務める。公務員の任命などの権限も有している。

大統領府には、大統領の直属機関として大統領秘書室、大統領警護室があり、さらに、監査院、国家情報院、中央人事委員会、国家安全保障会議、民主平和統一⑤諮問会議、国民経済諮問会議、国家科学技術諮問会議、中小企業特別委員会で構成されている。

1998～2002年まで金大中氏が第16代の大統領を務めた。彼は北朝鮮に対して「太陽政策」または「包容政策」と呼ばれる⑥宥和政策を採り、2000年の6月にはピョンヤンでの南北首脳会談を実現した。その成果が世界的に認められ、同年のノーベル平和賞を受賞した。

国務会議は大統領を議長とし、国務総理と

---

① 焦点(しょうてん) : 초점
② 公布(こうふ)する : 공포하다.
③ 統帥権(とうすいけん) : 통수권
④ 務(つと)める : 역, 임무를 맡다.
⑤ 諮問(しもん) : 자문
⑥ 宥和政策(ゆうわせいさく) : 유화정책

国務委員(閣僚)からなる。国務総理は国会の同意を得て大統領が任命し、国務委員は国務総理の提示を受け、大統領が任命する。

大統領の①直属の情報機関として、国家情報院(NIS)がある。これは、1961年に発足した中央情報部(KCIA)の後身で、その後国家安全企画部と改称し、1999年に現在の名称に改められた。

韓国の立法府は国会である。韓国の国会は一院制である。国会議員には、地域区から選出される地域区議員と各党の推薦による比例代表で選出される全国区議員がいる。

国会議員の任期は4年である。なお、国会には国政監査権が認められている。また、大統領の②弾劾訴追権も認められている。

司法には法院(裁判所)が当たっており、法官(判事)が憲法及び法律に基づいて審判を行うこととなっている。法院には、大法院、高等法院、地方法院、家庭法院があり、③三審制である。この他に、軍事裁判を行う軍法会議が存在する。

韓国には、反国家活動を④取り締まる国家保安法がある。この法律は1948年に制定され、その後数回にわたって改訂されている。この法律によって、反国家団体組織及びそれらの⑤賛助団体、スパイ行為、北朝鮮への往来は処罰の対象となる。

韓国では、1945年の解放以来、多くの政党が誕生しては消えるということを繰り返してきた。特に、第一共和国から第四共和国にかけては、与党は自由党、民主党、民主共和党と次々と代わり、それらの政党は政権を離れると同時に消えて行った。第五共和国、第六共和国にかけては、民主正義党が与党となり、民主正義党はその後党名を変更し、野党との合流や分裂を繰り返しながら、今日のハンナラ党へと受け継がれている。その間の1998年、新政治国民党議が与党となり、それが新千年民主党に⑥継承されて、現在に至っている。

韓国の大統領選挙は、これまで15回実施され、その選挙方法は⑦幾多の⑧変遷を経て

---

① 直属(ちょくぞく) : 직속
② 弾劾訴追権(だんがいそついけん) : 탄핵소추권
③ 三審制度(さんしんせいど) : 삼심제도
④ 取り締まる(とりしまる) : 단속하다, 관리하다.
⑤ 賛助(さんじょ) : 찬조
⑥ 継承(けいしょう) : 계승
⑦ 幾多(いくた) : 수많이
⑧ 変遷(へんせん) : 변천

きたが、１３代から現在に至るまでは、直接選挙制を採用している。選挙権は２０歳以上の国民に与えられ、被選挙権は５年以上国内に居住している４０歳以上の国民にある。

国議会員の選挙権は、２０歳以上の国民にあり、被選挙権は２５歳以上の国民にある。

議員定数は、憲法では２００人以上と規定されている。現在の議員定数は、地域区が２２７、比例代表が４５となっている。

韓国は、毎年ＧＮＰの４パーセントから６パーセントを国防費に当てている。２０００年６月には歴史的な南北首脳会談が開かれ、９月には南北国防長官会談も開かれた。しかし、北朝鮮の軍事的脅威がいまだ続いていることには変わりはない。

韓国軍の①兵力は、現役が、陸軍５２万人、海軍６万人、空軍５万３０００人、計６３万３０００人で、予備役は４５０万人である。

成人男子には兵役の義務があり、その終了後も４０歳まで、戦時における兵力動員召集や平時における兵力動員訓練②召集などが課せられる。

国防部長官の諮問機関として、③合同参謀会議がある。１９９０年の改革以降、合同参謀議長は、陸・海、空軍本部のすべてを④掌握することとなっている。

韓国には、国連軍⑤司令部、米韓連合軍司令部、在韓米軍司令部がある。韓国では、有事に対処するため、１９７６年から米韓合同軍事演習（チームスピリット）が毎年行われてきた。それは、１９９２年と１９９４年は中止されたが、その後は「フォールイーグル」と名称を変え、後方地域の⑥防御訓練、海兵隊による上陸訓練、統制体系の点検などの大規模後方機動演習を、米韓の合同で行っている。

現在の在韓米軍の総兵力は、約３万７０００人である。

韓国では、米軍兵士が引き起こす事件などが⑦度重なり、それによって在韓米軍に対する批判が一部で高まっている。そうした中、２００１年１月、在韓米軍の法的地位を定め

---

① 兵力（へいりょく）：병력
② 召集（しょうしゅう）：소집
③ 合同参謀会議（ごうどうさんぼうかいぎ）：합동참모회의
④ 掌握（しょうあく）：장악
⑤ 司令部（しれいぶ）：사령부
⑥ 防御（ぼうぎょ）：방어
⑦ 度重なる（たびかさ）：거듭되다.

る米韓地位協定が改定された。これによって、①凶悪犯罪に限って、米軍関係被疑者の②身柄が起訴時点で韓国に引き渡されることとなった。

◐ 韓国の生活

衣

先進国となった韓国は、「衣」に関してはかなり豊かである。ソウルの中心街明洞を歩くと、ブランド物を上手に着こなした③見目麗しき令嬢を多く見かけることができる。ところで、韓国の伝統的な衣服は韓服といい、

---

① 凶悪犯罪：흉악범죄
② 身柄：신변
③ 見目麗しい：용모가 아름답다.

①麻、クズウコン、②絹などでできている。

三国時代の男性は、チョゴリ（上着）、パジ（ズボン）、トルマギ（上掛け）に③冠、④帯、靴を身につけていた。

女性はコルムという２つの長い⑤結び紐で前をとめたチョゴリ、足下まで届く長いラップスカートのチマ、トルマギにボソンと呼ばれる白い靴下、そして舟の形をした靴を⑥履く。韓服は、チョゴリとチマの長さを除いては、ほとんど数百年間変わらずに身につけられてきた。

朝鮮戦争を境にして、西洋の衣服が韓国に入ってきた。また、１９６０年代、１９７０年代の急激な産業化を経て、韓服は徐々に韓国人の生活から遠ざかり、着やすく動きやすい洋服が好まれるようになった。最近は、韓服の愛好者たちが、韓服に新しい⑦息吹を⑧吹き入れるためにキャンペーンをしたり、着やすく動きやすいように改良したりしている。

現在では、韓服は、陰暦のお正月や陰暦八月十五日夜の秋夕や家族の誕生パーティーなど、普段着ではなく、特別な日に着る正装としての役割を果たすようになってきた。

食

韓国人の食生活は、肉とジャガイモが中心の欧米先進諸国の食生活に比べると、かなりバラエティに富んでおり、非常に豊かである。

韓国の食卓では、ご飯とクッという⑨汁物を主食に、野菜の⑩和え物、チゲ（鍋物）、タン（煮込み汁）、肉や魚などのおかずなどが並ぶ。

① 麻 : 삼, 마
② 絹 : 생사, 견사
③ 冠 : 갓, 관
④ 帯 : 띠
⑤ 結紐 : 매듭끈
⑥ 履く : (신발을)신다.
⑦ 息吹 : 숨결
⑧ 吹き入れる : 불어넣다.
⑨ 汁物 : 국
⑩ 和え物 : 무침

韓国の代表的な伝統料理にキムチがある。キムチは、栄養学者の間で、①抗がん作用があることで注目されている。キムチは白菜、大根、ネギ、キュウリなどの野菜に様々な調味料を入れて②発酵させた漬物の一種である。

キムチは、③唐辛子粉をたっぷり入れて塩辛く味付けしたもの、唐辛子粉を入れないで白くつけたもの(ペックキムチ)、味付けしたスープを多めにいれて漬けたもの(ムルキムチ)など、その種類は豊富である。いずれのキムチも、④風味を出すためのニンニクが入るのが特徴である。

１１月末や１２月のはじめになると、家族全員が集まってキムジャンをする。キムジャンとは、長い冬の間に食べるキムチを一度に漬けることで、一昔前までは、冬中に食べるキムチを大きなカメに入れて、キムチの味を損なわないよう、そのカメを庭などに深く埋めて保管していた。しかし、集合住宅暮らしをする家庭が増えるにつれて、家電メーカーではキムチ専用の冷蔵庫を売り出すようになった。さらに、キムチを作らずに、買って食べる家庭も増えており、このためキムチ工場が⑤繁盛している。

韓国では、以前は家でよく味噌を作って食べていた。まず、大豆を煮込み、大豆を砕いて箱型にして⑥日陰に干す。よく干した後、塩水に漬けて日なたで発酵させ味噌にする。

現在は、大半の家庭が工場で作った味噌を買って食べている。

韓国の主な肉料理には、ブルゴキとカルビがある。ブルゴキとは、肉をソースに浸けて味付けした焼肉で、カルビは⑦肋骨付きの肉である。いずれも外国人にも人気のある伝統料理である。

住

韓国の伝統家屋には、オンドル(温突)という暖房設備が備えられている。オンドルは韓国固有の暖房設備で、寒さの厳しい北部で最初に使用された。煙と熱気が床下に作られた⑨煙道を通して熱を伝え、部屋を暖めるようになっている。

---

① 抗がん : 항암
② 発酵する : 발효하다.
③ 唐辛子粉 : 고추가루
④ 風味 : 풍미
⑤ 繁盛する : 번영하다, 번창하다.
⑥ 日陰に干す : 응달에서 말리다.
⑦ 肋骨 : 갈비뼈
⑧ 煙道 : 연기가 통하는 통로

韓国の伝統家屋は、①粘土と木材を主な材料として建てられる。屋根の瓦は土を焼いたもので、主に赤レンガが使われた。今日、大統領府が清瓦台（チョンワデ）と呼ばれるのは、屋根の瓦が青いためである。

伝統家屋は、まったく釘を使わないで、木釘で組み立てられている。上流階級の家は、女性と子供専用の間、男性専用の間、客用の間、使用人の間というふうに、いくつかの独立した棟で構成され、それぞれの棟は塀で囲まれている。また、②家の裏手には祖先を祀る③祖廟が、家の門前には蓮の池が造られている。

北部と南部では家屋の形態も異なる。南部は、長方形の床に台所、部屋といったように、シンプルな形のＬ字形をした家屋が代表的である。一方、北部は、④中庭のある正方形やＵ字形の家屋が多い。

１９６０年代後半、西洋式の集合住宅の建設ブームが起こると、韓国の住宅形態は急激に変わり始め、１９７０年代に入ってからは、近代的な高層集合住宅が全国的に広まるようになり、韓国人の居住環境は、欧米先進国に肩を並べる水準にまで到達した。

◐ 韓国の社会

・ 儒教

高度成長を達成した韓国の社会の⑤基底にあるものは、⑥儒教の思想である。

儒教は、紀元前６世紀に中国の孔子によって始まったものであり、道徳をといたものでありながら、宗教的な側面も持っている。

儒教では、家族や社会をよりよくするために、またそれを維持するためには、仁、義、礼、智、信、忠、孝が必要と説いている。

高句麗、⑦百済、新羅の三国時代から儒教の影響を受け、高句麗や百済には儒教を教える教育機関があった。統一新羅は、唐に使節団を派遣して儒教を学んだ。１０世紀ごろの高麗時代は、仏教が国教であったが、儒教は哲学としての、社会構造の重要な柱の役

---

① 粘土 : 점토
② 家の裏手 : 집 뒤쪽
③ 祖廟 : 조묘, 선조를 모신 사당
④ 中庭 : 안뜰
⑤ 基底 : 기저, 본 바탕 = 土台
⑥ 儒教 : 유교
⑦ 百済 : 백제

割を有していた。①「科挙」という官吏登用試験制度が10世紀の後半に採用されたために、儒教を教える機関が増えた。その結果、この時期に、韓国人の心に儒教的な価値観が深く植えつけられた。そして、李氏朝鮮になって、公式に儒教が国のイデオロギーとして採沢された。

今日でもなお、儒教的な価値観は広くいきわたっている。具体的に言えば、②祖先崇拝、親孝行、年長者への③畏敬などは、韓国社会の美徳となっている。また、年長者が去って同世代同士の席になると、親密で活発で、なごやかな雰囲気に包まれるのが、韓国人の特質といえよう。

・ **韓国の家族**

韓国の典型的な家族は、三世代や四世代が一つ屋根の下に暮らす大家族が一般的であった。 かつては、家族が多いことが祝福され、たくさんの子供を欲しがった。しかし、急激な工業化と若者の農村離れが進んだ1960年代、1970年代には、出産を効率的に調整できるようになった。そして、1980年代に入ってからは、子供の数も急激に減り、現在では一世帯に平均、一人ないしは二人の子供しかいない。

長男に④家督を継がせる儒教の長い伝統を持っている韓国では、女の子よりも男の子の誕生が喜ばれた。

しかし、政府は、家族関係の法律を改正して、精神的、物理的な相続権において、男女の差別をなくすべく努め、現在では男女平等の社会が実現している。

工業化の進展とともに都市化が進行し、若い新婚夫婦は農村の家族と離れて、自分たちだけの空間を持とうとする傾向にあり、核家族化が進行しているところである。

・ **韓国の教育**

韓国の学校制度は、 初等学校(小学) 6年、中学3年、高校3年、大学4年、修士学位と博士学位のための大学院課程がある。

---

① 科挙 :「科挙に応ずる · 과거를 보다.」
② 祖先崇拝 : 조상숭배
③ 畏敬 : 외경, 경외
④ 家督 : 가독(호주의 신분에 따르는 권리와 의무)

また、短期高等教育機関として、２年ないし３年制の専門大学がある。

就学前教育としては幼稚園があり、教育人的資源部では、２００５年までに１００パーセントの入園(にゅうえん)を目標としている。

韓国では、６年制の初等学校が義務教育で、１００パーセントの就学率(しゅうがくりつ)を達成している。１９６０年の教師一人当たり生徒数は５８.８人であったが、２０００年には２８.７人に改善(かいぜん)された。２０００年現在、一クラスの生徒数は平均３５.８人で、政府はこれを２００２年までには３０人にする計画である。初等学校のカリキュラムは、道徳、国語、社会、数学、科学、体育、音楽、美術、工作(こうさく)の９科目である。初等学校の教師には４年制の教育大学・学部の卒業が義務付けられている。

中学校の２０００年の教師一人当たり生徒数は２０.１人で、１９７０年の４２.３人から大きく改善された。中学校のカリキュラムは、１１の必須(ひっす)科目、その他の選択科目及び部活動で構成されている。また、就職に備(そな)えた技術(ぎじゅつ)と実業(じつぎょう)コースもある。

高校には、一般校と実業系の２種類がある。２０００年度の高校進学率は９９.５パーセントにも上っている。

農業、技術、海洋系を含めた実業系の高校への志願者(しがんしゃ)は、まず志望校(しぼうこう)を決め、各校で実施する試験に合格しなければならない。また、中学の①内申書も②加味される。実業系高校の科目は、一般科目が４０パーセント、実業科目が６０パーセントである。

一般校には、芸術、体育、科学、外国語分野の特別高校も含まれる。特別高校は、前記の分野で特別な才能を有する生徒に、その能力に見合(みあ)う教育を③施す目的で設けられた。

一般校のカリキュラムは、人文科学、社会科学、自然科学及び技術からなる。ただ、技術は選択科目なので、たいていは大学入試対策に当てられる。

韓国の高等教育機関には、４年制の大学(医学は６年)、４年制の教育大学、２年制の専門大学、放送通信(ほうそうつうしん)大学、開放(かいほう)大学、神学(しんがく)大

---

① 内申書(ないしんしょ) : 내신 성적
② 加味(かみ) : 가미
③ 施(ほどこ)す : 베풀다.

学、2～4年制の看護大学などがある。大学入試は、高校の内申書、①共通試験及び各大学独自の試験（1996年に小論文を追加）からなる。2000年の大学進学率は、一般高校は83.9パーセント、実業系高校は41.9パーセントであった。

身体障害者のための特殊学校には、②盲学校、③聾学校、養護学校がある。また、特殊学校の他に、学校に特殊学級を設けて、障害者のための教育課程を一般課程とともに進めている学校もある。政府は、特殊教育の④質を高めるため、特殊研育のプログラム開発と特殊教育の教師の教修を⑤担当する国立特殊教育研究所を設置した。

---

① 共通試験 : 공통시험

② 盲学校 : 맹아학교

③ 聾学校 : 농아학교

④ 質を高める : 질을 높이다.

⑤ 担当する : 담당하다.

補 論 2

中国の概況

補論 2. 中国の概況

■ 上海のビジネス街

■ 天安門

■ 香港の夜景

■ 内蒙古自治区の草原

■ 新疆ウイグル自治区(カラクリ湖畔)

■ チベット側から見たエベレスト

【位置、領域】

中国はアジア大陸の東部、太平洋西岸に位置しており、面積は広く、資源が豊かである。

陸地面積は約960万平方キロ、大陸の海岸線は1万8000キロ以上ある。広い領海には台湾島、①海南島など5000以上の島が点在している。

【地形、河川】

中国の地勢は西高東低で、東シナ海に向かうに連れ低くなっている。これは海からの②湿潤な気流の奥地への流入に役立っている。 ③長江と④黄河は世界的に有名な川である。 中国の河川の総延長は22万キロに及んでいる。中国の山川は⑤壮麗だ。 国内には延々と続く山々があり、気勢雄大な高原と果てしなく広がる平野があり、⑥広山に囲まれた盆地やなだらかに起伏する⑦丘陵もある。山地、丘陵、高原は国土面積の６５％を占め

---

① 海南島(かいなんとう) : 中国、雷州半島의 南方에 있는 섬. 海南省 1988年 광동성으로부터 분리.
② 湿潤(しつじゅん) : 습윤. 젖어서 축축한 모양
③ 長江(ちょうこう) : 中国 最長의 하천. 青海省을 근원으로, 四川盆地을 거쳐華中의 平野을東으로 흘러, 동지나해로 흘러들어간다.
④ 黄河(こうが) : 〔黄土의 토사로 물이 황색으로 탁해 진 것으로부터 불렸다.〕中中제이의 큰강. 길이 5,464km
⑤ 壮麗(そうれい) : 크고 훌륭하고 아름다움
⑥ 群山(ぐんざん) : 많은 산들, 연이는 산들
⑦ 丘陵(きゅうりょう) : 구릉

ており、２０００あまりの大小さまざまな天然の①湖沼は、中華の大地にはめた真珠のようである。

トルファン盆地の最も低い所は海面より１５４メートル低い。

【気候】

中国は大陸性モンスーン気候に属している。

中国の領土の北端は、ほぼ北緯５０度にまで達するが、ほとんどの地区は温帯にある。南部の一部は熱帯・②亜熱帯に属し、北部は寒帯に近い。各地の気候は複雑かつ多様である。

③黒竜江省の北部は冬が長く夏が短いが、南の海南島は夏が長く冬が短い。④淮河流域は四季がはっきりしており、雲南・貴州高原の南部は一年中春のようである。

西北部は寒暖の差が大きく、西南部の青海・チベット高原は年間を通じて気温が低い。

砂漠地帯は一年中雨が少なく、乾燥している。

【資源】

中国の天然資源は豊富で、多くの鉱物資源の⑤埋蔵量は世界の上位にランクされている。 中国は世界でも野生動物の多い国であり、パンダ、金糸ザル、⑥揚子江ワニなどは中国原産の動物である。中でも、パンダは中国の「国宝」と称されている。中国原産のメタセコイアと⑦銀杏は古代植物の「活きた化石」と絶賛されている。これらの動・植物と⑧絶滅に瀕している種の保護のため、全国に700以上の保護区が設立された。

【歴史】

中国は長い原始社会を経て、ほぼ前21世紀の時代から⑨奴隷社会に入った。夏の滅亡の後、商、西周、⑩春秋戦国(即ち東周)が現われた。紀元前221年、秦の始皇帝により中国の歴史上最初の中央集権的封建国家「秦」が成立した。その後、漢、唐、宋、元、明、清の各王朝を経て、1840年の⑪阿片(アヘン)戦争まで、中国はずっと⑫封建社会にとどまっていた。

---

① 湖沼(こしょう) : 호수와 늪
② 亜熱帯(あねったい) : 아열대
③ 黒竜江省(こくりゅうこうしょう) : 中国의 北東끝에 있는 省
④ 淮河流域(わいがりゅういき) : 中国의 中部을 東쪽으로 흐르는 河川유역
⑤ 埋蔵量(まいぞうりょう) : 매장량
⑥ 揚子江(ようすこう) : 양자강
⑦ 銀杏(いちょう) : 은행나무
⑧ 絶滅(ぜつめつ) : 절멸, 근절
⑨ 奴隷(どれい) : 노예
⑩ 春秋 戦国(しゅんじゅう せんごく) : 周의 東遷으로부터 秦의 天下統一까지를 말한다.
⑪ 阿片戦争(あへんせんそう) : 清朝의 아편수입금지에 대해서 영국이 시작한 침략전쟁(1840～1842)
⑫ 封建社会(ほうけんしゃかい) : 봉건사회

中国は古代に高度な文明を創出した。

3000余年前の商代に、中国はすでに①青銅器の鋳造技術を有し、②鉄器を使用していた。

長い歳月の中で、数多くの優れた思想家、科学者、芸術家、文学者が生まれた。製紙術、印刷術、火薬、③羅針盤は中国の四大発明であり、数学、医薬学、天文学、農学、建築などの分野で世界的な成果をあげた。

1911年、孫文の指揮したブルジョワ民主主義革命④「辛亥革命」により清王朝は倒れ、中国で2000年以上続いた君主制は⑤終焉し、中華民国臨時政府が成立した。

1949年10月1日、中華人民共和国が成立した。中国は改革・開放の政策を施行し、社会主義市場経済を推進して、社会主義の近代化へ向けた路線を歩んでいる。

【人口】

中国は世界で人口の最も多い国である。人口は１２億を超え、世界人口のほぼ２２％を占めている。人口増加の⑥抑制のため、中国は１９７０年代から一人っ子政策を実施した。

【民族】

中国は多民族国家であり、漢、満州、⑦蒙古、回、チベット、ウイグル、ミャオ、イ、チワン、プイ、朝鮮、トン、ヤオ、ペー、トウチャ、ハニ、カザフ、タイ、リー、リースー、ワ、シェ、高山、ラフ、シュイ、トンシャン、ナーシー、ジンプォ、キルギス、トウ、ダオール、モーラオ、チャン、プーラン、サラ、マオナン、コーラオ、シボ、アチャン、プミ、タジク、ヌー、ウズベク、ロシア、オウンク、デアン、パオアン、ユイクー、ジン、タタール、トーロン、オロチョン、ホーチォ、メンパ、ロバ、ジーヌオなど５６の民族からなっている。そのうち⑧漢族の人口が最も多く、一人口の約９２％を占めている。

【宗教】

中国には道教、仏教、イスラム教、キリスト教など多くの宗教がある。

---

① 青銅器(せいどうき) : 청동기
② 鉄器(てっき) : 철기, 철제 기구
③ 羅針盤(らしんばん) : 나침판
④ 辛亥革命(しんがいかくめい) : 1911年 辛亥의 해, 清朝를 무너트리고 中華民国을 樹立한 자본주의 民主主義革命
⑤ 終焉(しゅうえん) : 임종, 종언, 은거하여 여생을 보냄
⑥ 抑制(よくせい) : 억제
⑦ 蒙古(もうこ) : 몽고
⑧ 漢族(かんぞく) : 한족, 중국 전인구의 90%을 차지하고 있는 민족

【言語、文字】

北京官語は中国の公用語で、国連の公用語の一つである。５５の少数民族にはたいてい独自の言語がある。漢字は①甲骨文から発展してきたものであり、すでに６０００年前後の歴史がある。

【姓氏】

中国人の姓氏は、５０００年前の原始氏族社会で生まれた。５０００以上ある姓氏のうち、よく使うものは２００～３００しかない。中国人の姓名は名字が先で、名前は後である。

【行政区画】

現在の中国の行政区画は基本的に省、県(市)、郷という三つの級に分かれている。

(一)全国は省、自治区、直轄市、特別行政区に分かれる。(二)省、自治区は自治州、県、自治県、市に分かれる。(三)県、自治県は郷、民族郷、②鎮に分かれる。

現在、中国は23の省、５つの自治区、４つの直轄市と２つの特別行政区からなっている。

２３の省は次の通りである。③河北、④山西、⑤遼寧、⑥吉林、⑦黒竜江、⑧陝西、⑨甘粛、⑩青海、⑪山東、⑫江蘇、⑬浙江、⑭安徽、⑮江西、⑯福建、⑰台湾、⑱河南、⑲湖北、⑳湖南、㉑広東、四川、貴州、雲南、海南。５つの自治区は次の通りである。内蒙古自治区、寧夏回族自治区、新疆ウイグル自治区、広西チワン族自治区、チベット自治区。

４つの直轄市は次の通りである。北京、上海、天津、重慶。

２つの特別行政区は香港とマカオである。

【首都】

中華人民共和国の首都は北京で、中国の政治、文化の中心である。

---

① 甲骨文 : 갑골문자

② 鎮 : 중국에서 도시를 뜻함

③ 河北 : 中国 黃河下流의 北, 渤海에 임한 성. 域内에 首都北京과 政府直轄市의 天津이 있다

④ 山西 : 중국, 태행산맥의 서쪽에 위치하고 황하중류이북의 황토고원을 점하고 이는 성

⑤ 遼寧 : 중국 동북부의 발해와 황해에 면한 성 압록강을 사이에 조선반도와 면하고 있다.

⑥ 吉林 : 중국의 동북부, 조선반도에 접한 성

⑦ 黒竜江 : 중국의 북동 끝에 있는 성, 러시아연방의 시베리아와 국경을 접하고 있다.

⑧ 陝西 : 중국 황하강 중류의 大湾曲部의 안쪽의 黄土高原을 점하고 있는 성

⑨ 甘粛 : 중국 황하강 상류지역을 점하고 있는 성

⑩ 青海 : 중국 티벳고원의 북동부를 점하고 있는 성

⑪ 山東 : 중국 산동반도와 황하강 하류지역의 평야를 점하고 있는 성

⑫ 江蘇 : 중국 장강 하류유역과 황해연안의 성

⑬ 浙江 : 중국 동지나해에 면한 성

⑭ 安徽 : 중국 장강 하류유역을 점하고 있는 성

⑮ 江西 : 중국 장강 중류지역의 남쪽에 있는 성

⑯ 福建 : 중국 남동부, 대만해협에 면해있는 성

⑰ 台湾 : 중국 福建省의 동북쪽에 있는 큰 섬

⑱ 河南 : 중국 황하의 중류지역을 점하고 있는 성

⑲ 湖北 : 중국 장강 중류지역을 점하고 있는 성

⑳ 湖南 : 중국 장강 중류의 남쪽에 있는 성

㉑ 広東 : 중국 주강의 유역을 점한 남지나해에 면한 성

補論 3

外国人留学生が見た日本

桶論　3．外国人留学生が見た日本

ここでは、国士舘大学二十一世紀アジア学部の外国人留学生　6人が見た日本に関するレポートを掲載した。

◐ 日本の銭湯文化

柳漢亮（韓国）

私も日本に来て3年目となったが、来日直後初めて①銭湯に行った日のことを、今も鮮明に覚えている。一緒に住んでいた友達と、「お互いに背中を流そうか」と言いながら、銭湯に向かった。靴を脱いで、ガラガラと木の扉を開けて中に入ると、なんと高い所に50代半ばほどのおばさんが座っているではないか。

どうしたらいいのか分からずボーっとしていると、おばさんが私たちに手を出した。その時、やっと「このおばさんにお金を払うんだ」と分かった。友達は呆れた顔で、「こんな所ではお風呂に入れない」と、外に飛び出して行ってしまった。残された私は、②「郷に入っては郷に従え」という言葉を思い出し、堂々と中に入った。

---

① 銭湯 ： 목욕탕

② 郷に入っては郷に従え ： 로마에 가면 로마의 법을 따르라.

韓国の銭湯とはまったく違う雰囲気であった。後で分かった事だが、おばさんとその家族が交代（こうたい）で高い所に座って、お金をもらっているらしい。裸（はだか）の客を見ながら。

せっかく持ってきた垢すり用のタオルを使おうかどうか迷いながら、恐る恐る垢すりをしていたら、なんと隣のおじさんが、「背中を流してやろう」と声をかけてくるではないか。

私はそれがうれしくてたまらなかった。

言葉、文化、習慣（しゅうかん）は少し違うけれど、地球上（ちきゅうじょう）にこんなに韓国と似ている国が他にあるだろうか。近くて遠い国ではなく、近過ぎてその距離を感じようとしなかったのではないだろうか。①垢すり用のタオルと私の背中をおじさんに預けながら、こんなに温かい人情（にんじょう）を、韓国ではなく日本でも感じられた大切な晩であった。まだこれから何年日本にいるかわからないが、とにかくいい経験であった。明日は久しぶりに近所（きんじょ）の銭湯に行ってみようと思う。

■ 日本の温泉

① 垢擦り（あかすり） : 때밀이

◐ 日本人と付き合う

姜 成 姫(韓国)

韓国と日本は地理的にも近く、昔から様々な文化交流があったので、よく見ると似ているところがあるけれど、意思表示をするときの行動様式は違うようだ。

例えば、ある日本人Ａが知り合いの韓国人Ｂを映画に誘おうと思って、電話をした。映画の題名を言って誘うと、Ｂは「それは見たくありません」と一言で断ったそうだ。その後、Ａは「何か悪いことをしたんだろうか」としばらく考え込んでしまったそうだ。

また、ある日本人Ｃが知り合いの韓国人Ｄに美術展に誘われた時は、Ｃはあまり美術には興味がなかったので、「ちょっとその日は①都合が悪くて・・・」と断った。すると、Ｄは「じゃ、次の日はどうですか。その次は・・・」と言ってきたので、ついにＣは断ることができなかったそうだ。

日本人は自分の行動を決めるに当たって、他人からどう思われるかを気にしたり、他人に影響されたりすることが多い。アメリカ人は自分の意思や意見を直接相手にぶつけて強く自己主張するのに対し、日本人は相手の気持ちや立場を考えて発言したり行動したりする②傾向が強い。また、相手に対しても自分と同様の行動を期待する。さらに、日本人には③諾否をは

---

① 都合 : 형편, 사정
② 傾向 : 경향
③ 諾否 : 승낙과 거절

っきり表明しない傾向があるが、これは日本人が①単一同質民族であり、②摩擦を避けようとする伝統から来ている。これはまた、他人に対する甘えにもつながる。

人と人が付き合うことは大変なことである。そのうえ、互いに心を開いて付き合うことはもっとも大変なことである。私が出会った日本人の友達は、いくら親しくなったと思っても、自分の悩みは決して③打ち明けなかったから、本当に付き合いにくかった。何か間違いがあったら、私が謝る前に向こうから謝ってくる。日本人は人から助けられるのを嫌い、何かを頼むとそれが相手に迷惑をかけると考える。

今の日本の若者たちも少しずつ変わってきているが、もう少し人と付き合うとき、直接に自分の感情を表して、本心で対応して欲しい。

■ 日本の仏像

① 単一 同質 民族 : 단일동질민족

② 摩擦 : 마찰

③ 打ち明ける : (마음속의 것들을)털어 놓다.

◐ ミャンマーの年末年始

イイゾー(ミャンマー)

私は9月22日に日本に初めて来た。今年は、私にとって日本で新年を祝う初めての年である。そして、日本の年末とお正月にとても感動した。

日本に来てとても驚いたことは、ほとんどの日本人が宗教にあまり関心がないことであった。 だが、日本ではクリスマスが①盛大に行われている。日本では、クリスマスに家族や恋人と過ごし、カードを贈(おく)ったりする。最近、ミャンマーも日本に似てきた。ミャンマーではキリスト教徒(きょうと)がキャロルを歌いながら、家々を訪問(ほうもん)したりしている。

ミャンマーでも、日本のようにお正月のお祭りを盛大に行う。四月の水かけ祭りが、ミャンマーの祭りの中で一番有名で賑(にぎ)やかである。この日は、皆仕事は休みである。

四月はミャンマーのお正月である。四月の満月(まんげつ)の日(ひ)にミャンマーの人たちは早起きして、朝の五時からお寺でろうそくや花や水を供(そな)えて、お祈りをする。家族や友達と一緒にお祈りをする。それから、家でミャンマー語でモロイポーというお正月料理を作る。モロイポーはもち米で作っただんごである。大きい鍋(なべ)にお湯を沸(わ)かして、もち米の中に甘いものを入れて手で丸くしただんごを入れ、お湯の上に上がってきたら、出来上がりである。

---

① 盛大(せいだい)に : 성대하게

時々若者たちは、①ふざけてだんごの中に②チリを入れる。これを食べた人は、辛くてびっくりする。

町の賑やかな通りにあるステージの上で、女性たちがダンスをしている間、若者たちはステージの前で水をかけ合う。水をかけながら、元気よく新年の挨拶をする。そして、自家製の③モロイポーを持ち寄って食べる。夕方から夜にかけて、いろいろな物を持って親戚が集まり、お祈りをする。

水をかけあうのは、前年のことを全部洗い流せばいい年が来るという意味である。お寺では、④仏像に水をかけながら新年の幸福を祈る。

■ 浅草の雷門

① ふざける : 장난치다. 농담하다.

② チリ : 냄비 요리의 한 가지. 생선, 두부, 야채 따위를 넣어 끓여서 초간장에 찍어 먹음

③ モロイポー : 요리의 종류

④ 仏像 : 불상

◐ 日本の経済と企業

金大赫(韓国)

私が「現代日本社会」の①講義の中で最も興味(きょうみ)があったところは、日本の経済と企業についてであった。私の夢は申先生のように大学教授になることだが、その前にぜひ日本の企業で働きたいと思っている。途中(とちゅう)で退社(たいしゃ)しても、その経験は私の人生に絶対役立つと思う。韓国で日本語の勉強を始めて、高校二年生のとき留学を決意したきっかけも、日本の企業に就職して、日本で暮らしたかったからだ。

韓国は、ＩＭＦ②体制が終わって、景気がよくなった今でも、就職難は続いている。韓国のある新聞に、「博士(はかせ)の６０パーセントが失業者(しつぎょうしゃ)」という記事があった。高学歴(こうがくれき)の時代にあって、大卒はもちろん大学院まで進学しても就職できない場合が多い。だから、日本留学を決意した。

だが、日本の景気は戦後最悪の状況(じょうきょう)だ。韓国で伝え聞いた状況よりも厳しい。大手企業(おおてきぎょう)は倒産(とうさん)し、リストラによる失業者は増加の③一途だ。このような状況の日本経済をより幅広く勉強するべく、真剣に授業を受けている。

---

① 講義(こうぎ) : 강의
② 体制(たいせい) : 체제
③ 一途(いっと) : 일로, 한가지 길

日本はバブル経済の①崩壊以後ずっと②不況で、さまざまな社会問題が発生している。日本政府は、国家的な政策で長い不況を抜け出そうとしている。急変している現代の日本社会に、世界中が注目している。私は、先に述べたように日本の企業で働きたい。だから、私は今の日本政府の動きに関心を持っている。これから日本という経済大国がどのように変わっていくのか分からないけど、その答えは十年後に明らかになると考えている。

現代日本社会という科目に、私はとても興味を持っている。日本に留学して一番勉強したかった科目で、また先生が韓国人であるのも魅力だった。週一回の授業で、欠席ばかりしてあまり頭の中に残っていないけれど、機会があればこの科目をもっと深く勉強したいと思っている。そして、大学教授になって、韓国人でありながら日本の大学で活躍する偉い人になりたいと思った。

■ 東京タワー

① 崩壊(ほうかい) : 붕괴
② 不況(ふきょう) : 불황

◐ ベトナムと日本の年末年始

グェン・キム・ハイ・リン(ベトナム)

日本では、まず年末に家の大掃除をします。１２月３１日の夜は、家族と年越しそばを食べてのんびり過ごします。１２時には１０８つの鐘を鳴らし、一年の①煩悩の反省をします。

年が明けると、神社やお寺にお参りに行きます。これを初詣といいます。

元旦は家で、②お雑煮を食べたり、おせちを食べたりして過ごします。たいてい２日くらいに親戚の家を訪ねます。家では鏡餅を飾ります。③門松を飾るのが昔は普通でしたが、最近は買うと高いし、作るのもとても大変なので、デパートや会社、大きな家などでしか飾られなくなりました。しめ飾りはほとんどの家の正面 玄関の④軒下に⑤吊るします。

正月にはたこ揚げとか、かるたとりをします。子供にはお年玉をあげる習慣があります。

ベトナムでは、正月というのは旧正月(２月頃)のことですが、１月１日も祝日です。サラリーマンは、基本的に正月休みは３０日から４日までです。学生の場合は、大体２８日から５日までの一週間ぐらい休みになります。

お正月に入る前に⑥お墓参りに行き、掃除をして、お祈りをします。この時期には、フリ

---

① 煩悩 : 번뇌

② お雑煮 : 떡국

③ 門松 : 설에 문앞에 세우는 장식 소나무

④ 軒下 : 처마 밑

⑤ 吊るす : 달아매다, 매달다.

⑥ お墓参り : 성묘

ーマーケットや①花市場が公園で②催されます。

家庭によってさまざまなお正月の過ごし方があると思います。私の家庭の場合は、31日の夜の12時に、来る年をお祝いの花火を見ながらのんびりと過ごします。新年を迎える朝は早起きして、家族そろって新年の挨拶をして、親からお年玉をもらいます。それからみんなで食事をして、お正月の遊びをします。

元旦の朝からライオンダンスが家々を回って、ドアを開けて家に来てダンスをしてくれます。

黄色のマイという花と、ピンクの桃の花を飾ったりするのは、新年を歓迎するためです。

食べるのは、ベトナム風ちまきやおもちです。もち米から作られていて、中には青い豆と豚肉を入れて、バナナの葉で包んでひもで結びます。

旧正月には、お金を赤い袋に入れて子供にあげる習慣があります。あげるときは、子供たちから新年の挨拶のお礼を受けるのが一般的です。お年玉をもらえるのは高校生くらいまでで、大学生になったら家族以外からはほとんどもらえません。

元旦は家族の日、2日は親戚の日、3日は先生の日、4日は友達の日という考えもあります。

国によってお正月の過ごし方は違うと思いますが、家族で過ごすのが一番だと思います。

① 花市場 : 꽃시장

② 催す : 개최하다.

◐ 日本について感じたこと

田或(中国)

今年の四月、大学に通うために、私は中国の仕事を辞(や)めて、①母国を後にして、日本にやってきた。もちろん知識(ちしき)を得るのが第一でしたが、外国での一人暮らしも経験したかった。すべての支出は、自分の力で②稼ぐのが前提(ぜんてい)だった。

アルバイトをしながら学校に通うことは大変だった。勉強というものは、学校だけではなく、日本の社会で、日本人の考え方とか、生活習慣とか、また日本人の働きぶりも大変勉強になった。

人の考え方は母国(ぼこく)の習慣、文化に直接の影響を受ける。なぜ日本人には、私の想像(そうぞう)できないことができるのだろうか、といつも思う。やはり、歴史に関係があるのだろう。

そこで、日本の歴史を学ぶことにした。日本の歴史といったら、やはり真っ先に戦争のことが思い浮かぶ。すごく③残酷な話だが、中国人だけではなく、日本人の④庶民も被害者(ひがいしゃ)になっている。特に、第二次世界大戦の時、アメリカが日本の⑤広島と⑥長崎に原子爆弾(げんしばくだん)を⑦投下したことは、日本にとってダメージだった。当時の人だけではなく、子孫(しそん)まで影響を受けている。

広島(ひろしま)の歴史に興味(きょうみ)を持つようになったのは、⑧「黒い雨」というビデオを見てからだ。古本屋(ふるほんや)に行って目に入ったのは、このビデオだった。どうして黒い雨が降るのかと疑問(ぎもん)を抱いて、５００円でこのビデオを買った。実際(じっさい)に見てみたら、原爆の話だった。何の罪(ばつ)もなく⑨純粋な心を持っている子供が、大人の罪でどうして罰せられなければならないのか。私の心が痛んだ。

---

① 母国(ぼこく) : 모국
② 稼ぐ(かせ) : 돈을 벌다.
③ 残酷(ざんこく) : 잔혹
④ 庶民(しょみん) : 서민
⑤ 広島(ひろしま) : 일본 지역 이름
⑥ 長崎(ながさき) : 일본 지역 이름
⑦ 投下(とうか) : 투하
⑧ 黒い雨(くろあめ) : 小説. 井伏(いぶせ)ます二(じ)作。1966年(昭和41)발행. 조카의 결혼을 걱정한 主人公을 통하여, 放射能을 포함한 「黒い雨(くろあめ)(검은 비)」로 원폭의 조카의 発病 등, 原爆에 의한 悲劇을 묘사했다.
⑨ 純粋(じゅんすい) : 순수

■ 東京のレインボーブリッジ

バイトで一所懸命お金を稼(かせ)いで、ぜひ、自分の足で広島の土を踏んでみようと決心した。日本に来てそろそろ8ヶ月になるが、よくがんばった自分へのご①褒美として、冬休みの終わりに広島に行った。

意外にきれいな空、純粋な人。東京と違って、落ち着く町だ。日本の文化が感じられる。

歴史の本を開きながら歩いてみると、戦争時代に重要な軍事都市として、何回も戦災(せんさい)にあった広島の古い面が掘り出される。今はもう廃線(はいせん)となった戦争当時食料運搬(せんそうとうじしょくりょううんぱん)に使われた鉄道(てつどう)もそのまま残っている。一番印象(いちばんいんしょう)に残っているのは、広島平和資料記念館だ。そびえ立つ

① 褒美(ほうび) : 포상

立派な建物は、広島の悲しい歴史を静かに語ってくれている。

歴史の本によると、三つの広島がある。広島からヒロシマを経て広島へ、という歴史だ。

戦前は、広島と表記されていた。それは１５９１年(天正１９年)に広島地方の大名①毛利元就の孫②輝元が、広島の北約５０キロメートルの吉田からこの地に城を築いて居城したときにつけられた地名で、毛利氏の祖先である大江広元の「広」と、城の選定にあずかったこの地の豪族福島元長の「島」を組み合わせたと伝えられているが、一方、三角州の島の上に造られたことから、広い島、つまり広島と呼ばれたとも言われている。１８５３年③(嘉永６年)のペリー来航により、諸外国への④門戸を閉ざしていた⑤幕府は、開国政策へと向かっていった。その後の内乱で、広島藩の軍事的地位はにわかに高まっていたが、急激な社会変化は国内に混乱を招き、民衆の生活は⑥困窮した。

こうした動乱の中、１８６８年(慶応４年)、江戸時代は終わりを告げ、新たな時代が到来した。すなわちヒロシマ時代だ。明治維新による変革で、この⑦城下町は近代都市への第一歩を踏み出した。洋風の生活様式や文化が取り入れられるとともに、相次いで橋が架けられ、道路も整備され、市内を⑧貫く国道沿いでは、人々の往来や商業活動が活発化した。

１８８９年(明治２２年)には市制が施行され、全国で最初の市の一つとして広島は第三時代に入って、「広島市」が誕生した。

１８９４年(明治２７年)に開戦した日清戦争は、この町に経済的発展を促し、⑨活況をもたらした。同時に、広島は大陸への⑩兵員、物資の輸送基地として、にわかに⑪脚光を浴びた。

以後、軍の諸施設が設置され、軍都としての性格を強めていった。１９２３年(大正１２年)には、都市計画法が適用されて、近代的な都市へと⑫変貌していった。

---

① 毛利元就 : (1497~1571) 戦国時代의 武将一族의 結束을 굳히기 위하여 「3개화살」의 教訓이 유명하다.
② 輝元 : てるもと(1553~1625) 安土桃山・江戸初期의 무장
③ 嘉永 : 일본 연호(1848.2.28~1854.11.27)
④ 門戸 : 문호
⑤ 幕府 : 막부, 장군의 본영, 무가(武家)정권의 그 자체
⑥ 困窮 : 곤궁
⑦ 城下町 : 봉건영주의 성을 중심으로 한 그 주변으로 발달한 거리
⑧ 貫く : 관통하다.
⑨ 活況 : 장사나 거래 등이 활발해서 경기가 좋은 상태
⑩ 兵員 : 병사의 수, 병사
⑪ 脚光 : 각광
⑫ 変貌 : 변모

１９４１年(昭和１６年)１２月、日本はハワイ真珠湾の①奇襲攻撃とマレー半島上陸により、太平洋戦争に突入した。初期は戦況を有利に展開したが、１９４２年(昭和１７年)６月のミッドウェー海戦、８月のガダルカナル島の戦いに負けてからは、次第に敗戦の色が濃くなっていった。戦局が悪化する中、１９４５年(昭和２０年)４月には、本土決戦に備えて設けられた第二総軍司令部が広島に置かれ、軍事基地としての重要性が増した。

こうして同年８月６日には、広島は東京とともに日本内地における最重要軍事拠点となり、広島をつぶすことは、日本の西半分を②麻痺状態に陥れることを意味するようになっていた。アメリカ軍は、そのような広島を、原爆投下の第一の標的にした。

戦争に夢中になった日本に対する③仕返しかもしれないが、同年７月２５日にトルーマンによる原爆投下の決定を受けて、投下命令書が作成され、８月３日頃以降、なるべく早く原爆を投下することとされた。この投下命令を受け、８月２日付の④野戦命令で、「攻撃日を８月６日とし、その第一目標は広島」と決定された。

■ 日本の昔の交通手段・人力車

① 奇襲攻撃 : 기습 공격

② 麻痺状態 : 마비상태

③ 仕返し : 보복, 복수, 앙갚음

④ 野戦命令 : 야전 명령

同年８月６日午前８時１５分、①人類史上最初の原爆が、広島に投下された。

原爆によって死亡した人の数については、現在も正確につかめていないが、広島市では、急性障害が一応治まった同年１２月末までに、約１４万人が死亡したと②推計している。原爆が市街地のほぼ中心で爆発したことと、建物の８５パーセントが爆心地から3キロの範囲内にあったことから、被害は市の全域に及び、建物の９０パーセント以上が③消失または破壊された。爆発後１～２時間は、爆発の際④巻き上げられた泥やチリ、火事によるススなどを含んだ黒い大粒の雨が降り始めた。この黒い雨の中には強い放射能が含まれていて、⑤池、谷、川の魚がたくさん死んで浮き上がっていた。この地域で井戸水を飲んでいた人の多くは、その後3ヶ月にもわたって⑥下痢をした。原爆による放射線は、被爆後の急性障害だけではなく、その後も長い間にわたって、さまざまな障害を引き起こし、被爆者の健康を今なお脅かしている。

■ 日本の料理

---

① 人類史上 : 인류사상
② 推計 : 추계, 미루어 계산하다.
③ 消失 : 소실
④ 巻き上げる : 말아 올리다, 감아올리다, 등치다.
⑤ 池、谷、川 : 연못・계곡・강
⑥ 下痢する : 설사하다.

原爆で①肉親を失った原爆孤児は２０００人とも６５００人とも言われているが、実態はつかめていない。**肉親**を失った悲しみは②癒えることは無く、戦後の生活は大変な苦労を③強いられた。原爆孤児たちは、親類や施設に引き取られたが、施設の生活に④馴染めず逃げ出したり、さまざまな事情から⑤浮浪児になる子もいた。彼らは自力で生計を立てるため、街頭で靴磨きをするなどして、一所懸命に生きていた。

広島の歴史を現代の日本人の若者に教えるべきだと思う。毎日生活に困らずに⑥贅沢に暮らしているのに、やる気の無い青年は東京のいたるところで見かけられる。両親が一所懸命稼いだお金を、⑦湯水のごとく当たり前のように使って、自立などぜんぜん考えていない。その人たちは、ブランド品を買うお金を、広島の歴史の勉強のために使ってほしい。このままでいくと、日本の現代の若者はもちろん、日本経済も不景気で悪くなっていく一方だ。日本は戦後の短期間に、なぜ町の⑧復興だけではなく、経済を発展させ、世界有数の経済大国になったのかを、考えるべきだ。なおかつ、若い人たちは、自分の生活と原爆孤児の生活を比較し、自分の考えや価値観を⑨見直してほしい。敗戦直後の人々のように、やる気を出して頑張るべきだ。

■ 日本のお墓

---

① 肉親 : 육친
② 癒える : (병이) 낫다, (상처가) 아물다
③ 強いられる : 강요받다.
④ 馴染む : 친숙해지다, 정들다, 어울리다.
⑤ 浮浪児 : 부랑아, 방랑아, 떠돌이
⑥ 贅沢 : 사치
⑦ 湯水のごとく : (돈을) 물 쓰듯이
⑧ 復興 : 부흥. 다시 일어남
⑨ 見直す : 새삼 다시 보다. 가치를 새로 발견하다.

현대 개정판 現代日本事情と文化
일본사정과 문화

2판 1쇄 | 2007년 2월 20일
2판 2쇄 | 2010년 3월 20일

저자 | 신경호
발행인 | 김태웅
편집장 | 김연한
디자인 | 안성민
마케팅 | 권혁주, 나재승, 정상석, 서재욱, 김승인, 정윤성, 김지원
제작 | 현대순

발행처 | 일본어뱅크 · 중국어뱅크
등록 | 제 300-2006-109 호
주소 | 서울시 마포구 서교동 463-16 호 (121-842)
전화 | (02)325-1025
팩스 | (02)334-6624
웹사이트 | http://www.nihongobank.co.kr
http://www.dongyangbooks.com

ISBN 978-89-7665-237-1 08730

▶ 일본어뱅크는 동양북스의 일본어 교재 전문 브랜드입니다.